김준엽의 길 3,200km

김준엽의 길
3,200km

맥스media

헌법 전문 첫문장을 기초한 위대한 역사학자

작가의 말대로 김준엽 선생의 결기와 용기, 슬픔과 희망을 느끼기 위해 기획했다는 '김준엽의 길 3,200km'를 따라 떠난 시간 여행기를 잘 읽었습니다. 답사기 행간 곳곳에서 12년 전에 돌아가신 김준엽 선생의 숨결이 느껴져, 짧게나마 그분과의 조우를 체험하는 귀중한 시간이었습니다.

'역사는 반드시 발전한다'는 신념을 가지신 김준엽 선생. 선생은 나에게 역사학을 연구한 학자로서 탁월한 면모를 보여주시면서, 평생 동안 역사의 준엄한 심판을 늘 경계하며 사신 분으로 각인되어 계십니다.

이는 평생 동지였던 장준하 선생과의 '파촉령 다짐'과도 무관하지 않다고 생각합니다. '못난 조상이 되지 말자'는 어쩌면 영영 잠에서 깨어나지 못할 극한의 추위 속에서 함께 한 다짐. 환국 이후 격랑의 현대사를 살아오면서 온몸으로 보여준 두 분의 위대한 삶은 그날의 다짐을 실천하는 것 이상도 이하도 아닙니다. 김준엽 선생은 평생 소신을 굽힌 적이 없습니다. 현실정치는 멀리한 채 후학양성에 전념했습니다.

이런 분과 내가 역사에 길이 남을 한 페이지를 썼다는 자부심은 평생 잊을 수가 없습니다.

'우리 대한국민은 3·1운동으로 건립된 대한민국 임시정부의 법통과 불의에 항거한 4·19 민주이념을 계승하고…' 바로 대한민국 헌법 전문 첫 번째 문장입니다. 이를 되뇔 때마다 나는 특별한 감회에 젖어, 그런 기회를 준 선열들께 늘 감사하고 있습니다.

또한, 1988년 1월 나는 김준엽 선생 댁에 직접 찾아간 적이 있었습니다. 당시 "총리로 모시면 좋겠다"는 노 대통령 당선자의 명을 받아 김 선생 댁을 방문했습니다. 그때 총리직 제안을 점잖게 거절하는 그의 모습을 지금도 잊을 수 없습니다. 감히 범접할 수 없는 꼿꼿한 대인의 원칙적인 풍모를 느낄 수 있었습니다.

요즘 젊은 세대에게는 오늘의 대한민국이 1919년 대한민국 임시정부에서 비롯되었다는 대한민국의 정체성을 확실히 정립시켜 줄 필요가 있다고 생각합니다.

본 답사기가 그런 역할을 해 주기를 기대합니다.

이종찬_ 광복회장

다시 가 보는 '장정'의 길, 그리운 선생님

중국 후베이성 이창宜昌, 나는 20여 년 만에 이 지명을 다시 만났습니다. 윤영수 작가의 '장정답사기' 원고 덕분입니다. 초선 국회의원이던 시절, 베이징 출장길 끝에 선배·동료 의원들과 함께 장준하기념사업회가 주관한 청년 학생 구국 장정 6천 리 답사 행사를 따라나섰습니다. 학생들의 본대는 쉬저우徐州부터 출발했지만 우리는 이창에서 합류를 했습니다. 그 이창에서 배를 타고 삼협댐을 넘어 양쯔강 물길을 따라 중경으로 갔던 것입니다.

1945년 1월 광복군에 합류하기 위해 일본군을 탈출한 김준엽 선생님 일행은 라오허커우老河口를 출발, 10여 일 이상 도보로 험준한 파촉령을 넘어 이창보다 상류인 바둥巴東에 도착하여 중경행 배를 탔습니다. 그 전해 3월, 쉬저우의 일본군 진영을 탈출한 지 10개월 만이었습니다. 하지만 그 경로의 답사길에 나선 윤 작가도, 20년 전의 우리 일행도 그런 일정을 따라하기가 불가능해 이창에서 기차를 타고 배를 탔습니다. 그만큼 김준엽 선생 일행의 6천 리 장정길은 보통 사람으로서는 하기 어려운 필사의 도전이었습니다.

윤영수 작가의 이 책은 김준엽의 장정을 따라가는 답사기이지만 또 하나의 새로운 창작물이기도 합니다. 약 80년 전 광복의 꿈을 안고 나섰던 선인들의 족적을 찾아가는 길은 현대적인 교통수단의 도움을 받았음에도 불구하고 그 시간의 간격만큼이나 쉽지 않은 여정이었습니다. 그 길에서 윤 작가는 당대의 중국, 중국인들을 만났고 그 속살을 고스란히 새로운 여행기로 담아내었습니다. 그런데 조선족 가이드와 함께 한 이 2인 여행기는 무척 재밌습니다. 윤 작가 특유의 재치와 유머로 우리는 산동성 제남에서부터 출발하여 강소, 안휘, 호북, 중경, 섬서성 서안까지 중국 내륙의 중심을 관통하는 따끈따끈한 현대 중국 여행기를 만날 수 있습니다.

1984년 초가을의 어느 날, 고려대 총장실에서 뵈었던 김준엽 선생님의 육성이 지금도 귀 안을 맴돕니다. 나는 당시 정부의 법령을 어기고 학생 직접선거를 통해 총학생회장에 선출되었고, 학교는 정부로부터 나에 대한 징계를 요구받고 있었습니다. 만남 자체가 부담스러운 상황에서 총장님은 맞은 편에 앉은 내게 먼저 나이를 물으셨습니다. "우리 나이로 24살입니다." 잠시 창밖을 응시하시던 총장님은 이윽고 "그 나이 때 나는 어디서 무엇을 하고 있었나 생각했네. 그 시절의 내 생각이나 지금 자네들 생각이나 똑같은 애국심의 발로라고 믿네. 학교는 학생들을 보호하는데 최선을 다할테니 자네들도 교수들을 믿고 합당한 행동을 해주길 바라네." 더 이상 무슨 말이 필요하겠습니까?

39년 전 그 말씀을 다시 떠올리면서 이제 그때의 선생님 나이가 된 나는 지금 젊은 청년들의 마음을 얼마나 알고 있는가 자문해 봅니다. 그리고 이 책이 그들을 위한 헌정의 선물이 되기를 기대해 봅니다.

김영춘_ 전 해양수산부 장관

| 들어가며…

여행 답사기는 나름 오랜 로망이었다. 전혀 낯선 곳으로 훌쩍 떠나가서 현지와 현장의 느낌을 생생하게 묘사하는 답사기. 읽는 이에게 흥미와 정보, 웃음과 감동, 그리고 교훈까지 줄 수 있는 답사기. 이런 것이 답사기에 가진 나의 환상이었다.

그랬는데 아니었다. 막상 결정을 하자 기대와 흥분 대신 예상치 못했던 불안감과 부담감이 엄습해왔다.

일본군 학도병 탈출 제1호, 한국광복군, 미군 특수부대 OSS 출신, 학자, 교수, 애국지사 등 수많은 수식어를 갖고 있는 고려대학교 전 총장 김준엽, 그가 내 답사기의 주인공이었다.

1944년 일본 유학생 신분으로 일본군 학도병으로 끌려갔던 김준엽. 그는 일본군 진영을 탈출하여 목숨을 건 2,400km 대장정 끝에 충칭에 있던 대한민국 임시정부로 찾아갔다. 그리고 한국광복군에 투신, 미 특수부대 OSS 대원이 되어 국내 진공 작전을 준비했다. 그러나 일본의 갑작스러운 항복으로 한국광복군의 국내 진공은 무산되었고, 우리 현대사는 갈등과 전쟁과 분단으로 얼룩지고 말았다.

이후 김준엽은 정계 투신 대신 학문의 길을 선택, 고려대학교 교수를 거쳐 총장직에 올랐다.

그리고 제자들을 보호하기 위해 스스로 총장직에서 물러났고, 그의 제자들은 '총장 사퇴 결사반대'를 외쳤다. 제자들의 사퇴 반대 시위가 인생 최고의 훈장이었다고 김준엽은 술회했다. 1985년 봄 '총장사퇴 반대' 시위가 교정을 뜨겁게 달구던 그때, 나는 대학 3학년이었다.

당신은 나의 총장님이셨다.

답사 대상지는 총장님께서 일본군을 탈출한 중국의 장쑤성江蘇省 쉬저우徐州를 출발하여 임시정부가 있던 충칭重慶을 거쳐 그가 미 특수부대 OSS 훈련을 받던 시안西安의 두우치杜曲까지, 지도상으로 약 3,200km, 답사 기간 열흘 남짓, 당연히 형편없는 답사가 될 거라는 것을 알면서도 나는 배낭을 꾸렸다. 그리고 다짐했다.

'결코 비장해지지 말자!'

'비애감 따위에도 젖지 말자!'

'이 시대 젊은이들한테 김준엽의 삶이 던시는 묵직한 메시지는 무엇인가?' 이런 생각 따위는 꿈도 꾸지 말자. 우리도 그랬지만, 젊은이들은 앞선 세대의 생각이나 조언에 쉽게 동의하지 않는다. 않는 것이 정상이다. 그들이 꾸려갈 세상은 전혀 다른 세상일 것이므로! 그래서 헛심은 빼기로 했다.

대신 나를 만나기로 했다. 총장님께서 대장정을 감행했던 때가 스물두 살, 총장님께서 스스로 사퇴하셨을 때 내 나이 스물두 살. 당시의 나를 만나보기로 했다. 그때로부터 나는 얼마나 멀어져 있는지, 총장님의 길로부터 얼마나 먼 길을 돌고 있는지, 나의 좌표를 확인해 보는 것으로 만족하기로 했다.

그리고 머리말을 쓰고 있는 지금, 여전히 나의 좌표는 뚜렷하지 않다. 총장님의 길을 거칠게 따르면서 만난 것은 거의 후회와 회한이 전부였다. 이 짙은 아쉬움이 앞으로 내 인생에 어떤 작용을 할지 아직은 알 수가 없다.

답사기를 거의 완성했으나 여러 가지 이유로 원고는 수명이 다한 옛 노트북에 저장만 돼 있었다. 이렇게 활자로 탄생하게 된 것은 오로지 이두엽 선배님의 지지와 열정, 맥스미디어 박영배 선배님의 배려 덕분이다. 원고를 정성껏 만져주신 맥스미디어의 김소연 편집자는 감사의 말씀 맨 앞에 세워 드려야 한다.

선뜻 추천사를 써 주신 두 분께도 존경과 감사의 말씀을 드린다. 전 해양수산부 김영춘 장관, '영춘이 형'은 우리들의 총학생회장이었다. 80년대 대학가 최초로 총학생회를 부활시키고 재학생 직접선거로 고대 제17대 총학생회장에 오른 주인공이다. '영춘이 형' 때문에 총장님께서 무척이나 노심초사하셨다고 전해 들었다.

광복회 이종찬 회장님은 둘째 할아버지인 이석영 지사 프로그램을 계기로 뵌 적이 있다. 총장님과도 인연이 깊은 분이다. 그런 인연 때문이 아니라 대한민국 임시정부와 한국광복군에 대한 당신의 남다른 애정과 역사관 덕분에 귀한 추천사를 받을 수 있었다고 믿는다.

보이지 않는 곳에서 도와주신 분들은 더 많다. 그분들의 성함은 오래오래 가슴에 저장하려 한다.

의식을 치르듯 후다닥 다녀온 길, 오류 또한 적지 않을 것이다.

오류를 남겨 두면 이를 바로 잡으려는 이들의 발걸음이 이어지지 않을까?

위안 아닌 위안으로 삼는다.

올해로 총장님 탄신 100년,

지난 100년을 되돌아보는 것은 앞으로의 100년을 위해서다.

앞으로의 100년, 3,200km 광야를 헤매던 준엽 동지, 그리고 총장님께서 원하시던 나라가 되면 좋겠다.

2023년 8월 윤 영 수

차례

3부/ **한국광복군**

김준엽의 장정 경로

저자의 답사 경로

장준하
노능서
김준엽

프롤로그 1

그날,
1985년 2월 25일

1985년 2월 25일 고려대학교 대운동장, 제78회 졸업식이 열리는 날이었다. 쌀쌀했던 그날 교정에는 졸업생과 가족들 그리고 재학생 등 약 4만여 명이 운집했다. 그러나 졸업식장에는 축하와 격려의 분위기 대신 팽팽한 긴장감이 흐르고 있었다. 특히 재학생들은 졸업식 시작 전부터 구호를 외치며 일촉즉발의 장면을 연출하고 있었다.

'총장 사퇴 결사반대!'
'학원 자율화 침탈 즉각 중단하라!'
'10만 고대인의 피 끓는 의지로 대학의 관제화를 분쇄하자!'

재학생들의 구호에 졸업생 가족들은 당혹해하는 분위기가 역력했다. 총장 사퇴를 외치는 것이 아니라 '총장 사퇴 반대!'라고 외치고 있었기에 더 당혹스러웠을 것이다. 도대체 무슨 일이기에 학생들이 총장에게 물러나지 말라고 만류하고 있단 말인가?

전두환 군사 독재가 한창이던 1980년대 중반, 대학가의 반정부 시위는 거의 일상이었다. 학내 시위뿐만 아니라 크고 작은 거리 시위도 사흘이 멀다 하고 벌어지던 때였다. 많은 대학에서 군사 정권에 협력하는 총장들의 사퇴를 요구하는 시위도 심심찮게 벌어지고 있었다. 그런데 고대생들은 졸업식장에서 '총장 사퇴 결사반대'를 부르짖고 있었던 것이다.

예정보다 약 10분 늦은 오전 10시 40분 무렵, 본관에서 총장을 비롯하여 이사장과 교무위원, 내빈들이 식장으로 내려오기 시작했다. 이때도 많은 학생이 총장 일행의 행렬을 따르며 구호를 외쳤다. 수많은 학생이 사퇴 반대를 외치는 고려대학교 총장은 바로 김준엽이었다.

김준엽 총장이 단상에 오르자 한 무리의 재학생들이 '총장 사퇴 반대' 피켓을 들고 졸업식장 맨 앞에 앉기 시작했다. 2월 말, 재학생들은 차가운 땅바닥에 앉아 총장 사퇴 반대 피켓을 들었고, 그 뒤에 가운을 입고 학사모를 쓴 졸업생들이 앉았다.

김준엽 총장은 나중에 이 장면을 두고 '눈물이 나도록 감격스러웠으며, 교수로서 총장으로서 보람을 느꼈고, 소중한 학생들을 탄압하는 정부에 대한 혐오감이 더욱 복받쳐 올랐다'고 말했다.

약 4만여 명이 운집한 가운데 졸업식은 팽팽한 긴장 속에 진행되었다. 드디어 김준엽 총장의 졸업식 치사 순서가 되었다. 졸업식 치사는 김준엽 총장의 고별사이기도 했다.

김준엽 총장은 재임 시절 해직 교수 복직 문제, 총학생회 구성 문제, 시위 학생 처벌 문제 등을 두고 사사건건 전두환 군부 정권과 정면 충돌했다. 김준엽 총장은 교권을 지키고 학생을 보호하기 위해 정권과 맞섰다. 그를 눈엣가시처럼 여기던 군부 정권은 치밀하고 끈

질기게 총장 사퇴를 압박해 왔다. 그러나 김준엽 총장과 학교는 이를 완강하게 거부했다. 그러자 당시 문교부*가 찾아낸 꼼수는 이른바 '교직원 자녀 특혜 입학'이었다.

당시 거의 모든 사립 대학들은 교직원 자녀에게 가산점을 부여하는 입시 제도를 운용하고 있었다. 이는 외교관 자녀 특혜, 운동선수 특혜, 정부 파견 군인 위탁생 특혜 등과 함께 오랜 관행이었다.

문교부는 고대에 25명의 교직원 특혜 입학생이 있으니 이들을 제적 처리하라며 총장을 압박했다. 거듭된 정부의 압박에 마침내 김준엽 총장이 결단을 내렸다.

'25명의 학생을 구제해 주면 내가 사표를 쓰겠다.'

당시 정부 당국이 기다리고 기다리던 대답이 바로 이것이었다. 이 대답을 듣기 위해 그토록 김준엽 총장을 압박했던 것이다.

이렇게 해서 졸업식 치사 겸 고별사를 하게 된 김준엽 총장, 그의 치사는 의례적인 인사말로 시작되었다.

"존경하는 내외 귀빈 여러분, 오늘 1985년의 신춘을 맞이하여 우리 고려대학교의 제78회 졸업식을 거행하게 되었습니다. 먼저 본인은 지난 여러 해 동안 각고 정진하여 수학과 연구에 힘쓴 보람으로 각기 박사, 석사, 학사의 학위를 받게 된 여러분의 형설의 공에 대하

* 교육·과학·예술·체육에 관한 업무를 주관하던 중앙행정기관.

여 동료 교직원과 함께 아낌없는 치사를 보내는 바입니다."

그의 치사는 이어졌다. 학부모의 노고를 치하하고, 졸업생들에게는 개교 80년을 맞는 해에 졸업을 하게 되었다면서 고대의 역사를 소개하며, 암흑 속에서 절망하지 않고 광복의 빛을 가슴속에 간직할 줄 알고 타율의 무거운 도전 속에서도 자유를 위한 온갖 노력을 아끼지 않은 강인한 고대정신은 길이 보존돼야 한다고 강조했다.

"…현실의 정치를 위해 교육이 지연되거나 중단되는 일이 있어서는 안 되겠습니다. 대학은 민족 장래의 믿음직한 도약대이지 현실정치의 거점이 되어서는 안 되며, 어느 누구도 어떤 이유로도 학원을 정치의 수단으로 삼아서는 안 되는 엄연한 교권의 주체입니다."

이 대목에서 졸업생과 재학생들의 박수와 환호성이 터져 나왔다. 잠시 숨을 고른 후, 김준엽 총장은 졸업생에 대한 당부와 광복 40년의 의미에 대해서도 설파했다. 그리고 치사 마지막 부분이었다.

"…한평생 역사를 공부해 온 본인으로서 확신하는 바는 세계사의 전개 과정을 통해 진리와 정의와 선을 마침내는 실현해 나가는 역사의 신이 존재한다는 것입니다. 우리는 어느 누구도 과거에나 현재에나 미래에도 역사적 현실을 벗어날 수 없습니다. 어느 누구도 역사의 심판을 모면할 수 없습니다."

'심판'이라는 단어를 힘주어 말하는 그의 목소리는 떨리는 듯했다. 졸업생과 재학생들의 환호와 박수가 또다시 터져 나왔다.

'고려대학교 고려대학교 마음의 고향, 고려대학교 고려대학교 영원히 빛난다.'

고려대학교 교가 후렴 부분을 인용하며 17여 분에 걸친 김준엽 총장의 치사는 끝이 났다.

그날, 4만여 청중들은 숨소리 하나 내지 않고 김준엽 총장이 젊은 이들에게 던지는 묵직한 메시지를 경청했다. 식순에 따라 졸업생 대표의 답사가 시작되었다. 졸업생 대표는 여학생이었다. 졸업생 대표는 담담하게 답사를 읽어갔다. 그리고 답사 마지막 부분, 여학생의 목소리가 떨리기 시작했다.

"고대 사학 80년의 전통에서 외부 당국의 압력에 의해 행해지는 굴욕적인 총장 사퇴 처사는 결코 받아들일 수 없으며, 80년 사학의 전통적 정기를 되살리고, 나아가 진정한 학원 민주화와 사회 민주화를 위해 이번 일이 철회될 때까지 매진할 것입니다. 총장님 힘을 내십시오!"

김준엽, 그는 어떤 인물이었기에 1985년 2월 25일 고려대학교 졸업식장은 그토록 뜨거웠던 것일까?

/ 1부 /

탈출

/ 1부 /

탈출

인천 공항에서

2018년 9월 21일, 아침 일찍 인천 공항으로 나갔다. 새로 문을 연 인천 공항 제2 터미널은 비교적 한산했다. 추석 연휴를 앞둔 때, 해외 여행객이 넘칠 것으로 예상하고 서둘러 나갔지만, 새 터미널로 여행객들이 분산된 덕분인지 비교적 순조롭게 발권하고 출국 수속을 마칠 수 있었다.

여권과 지문만으로 출국 수속은 끝이 났다. 뭔가 서운하기도 했다. 여권에 출입국 도장을 받는 맛이 없어진 것이다. 수집까지는 아니더라도 가끔 여권의 도장을 보며 여행지를 되새기는 맛도 있었는데 그 맛이 없어진 것이다.

덕분에 여유가 생겨 항공사 라운지로 갔다. 간단한 먹을거리와 위스키 한 잔 챙겨 놓고 대기 중인 항공기들을 바라보았다. 이 순간이 좋다. 어디론가 떠나기 직전의 설렘과 약간의 긴장!

그랬다. 그때 나는 긴장하고 있었다. 한 번도 가보지 않은 곳으로의 여정이 기다리고 있었다. 동행도 없었다. 중국 산둥성山東省:산동성 지난濟南:제남 공항에 도착하면 현지 가이드가 나오기로 돼 있었다. 그 가이드와 함께 앞으로 열흘 동안 3,200km 중국 대륙을 누빌 것이다.

차량도 없다. 오로지 대중교통만으로 장쑤성江蘇省:강소성 쉬저우徐州:서주에서 충칭重慶:중경을 거쳐 다시 산시성陝西省:섬서성 시안西安:서안까지 여정을 이어갈 것이다.

지도를 들여다볼 때마다 걱정이 앞섰다. 과연 열흘 만에 이 긴 여정을 소화해낼 수 있을 것인가?

쉬저우에서 충칭까지 약 2,400km, 충칭에서 시안까지 800km! 이 여정은 청년 김준엽의 대장정大長征이었다. 20대 초반 일본군 학도병으로 끌려간 준엽은 기적처럼 일본군 진영을 탈출, 충칭에 있던 대한민국 임시 정부로 찾아갔다. 그 여정이 6천 리였다. 충칭 임시 정부에서 한국광복군이 된 준엽은 다시 시안으로 가서 미군과 함께

OSS 특수 훈련을 받았다. 제2차 세계대전 말, 국내 진공 작전을 위한 훈련이었다. 그러나 일본의 갑작스러운 항복으로 준엽과 한국광복군의 국내 진공 작전은 무산되고 말았다.

돌이켜보면 아쉽기 그지없는 순간이었다. 역사의 가정! 만약 그때 한국광복군의 국내 진공 작전이 실행됐더라면 우리 역사는 많이 달라졌을 것이다. 연합군 승전국의 일원이 되어 국토가 분단되는 사태를 막을 수 있었을지 모른다.

그날, 나는 SNS에 이런 글을 남기고 비행기에 올랐다.

'위스키 따불 한 잔 묵고 중국 간다
학도병 탈출 1호
김준엽 총장님 루트 답사!
열흘 간 3,200km를 다녀야 한다.
장준하 선생께서 '아름다운 청년'이라 칭했던 스물다섯의 준엽 동지와 그 나이 또래의 '나'를 만날 수 있기를….'

노나라의 옛 땅 지난濟南

두어 시간 비행 끝에 산둥성山東省 지난濟南 공항에 내렸다. 9월 하순, 아직은 가을이 덜 여문 날씨였다. 여느 공항과 다름없이 지난의 공항 청사 역시 거대한 철골 구조의 건축물이었다. 세계 어딜 가나 새로 지은 공항들은 하나같이 하얀 철골 구조를 하고 있다. 어쩌면 한 업체에서 공사를 모두 떠맡지 않았을까 하는 생각이 들 정도다.

입국 심사를 받는데 지문을 찍으란다. 전에는 없던 절차다. 끽소리 못하고 엄지와 검지 지문을 제공했다. '사람을 그렇게 못 믿나?' 썩 유쾌하지 못한 기분으로 수속을 마치고 나오니 자그마한 청년 하나가 내 이름표를 들고 서 있다. 국내에서 미리 섭외한 현지 가이드였다.

"안녕하심까? 반갑슴다."

내가 다가가자 얼굴에 아직 여드름 자국이 남아 있는 키 작은 청년이 헤벌쭉 웃으며 특유의 억양과 빠른 발음으로 인사를 건넨다.

"우리 동포인가 봐?"

"예, 조선족입니다."

"반가워. 잘 부탁해."

초면인데도 하대가 절로 나왔다. 그만큼 어린 청년이었다. 섭외나 촬영을 위해 해외로 가면 현지 코디를 구하는 게 일반적이다. 그러나 코디를 구하면 차량도 필요하고 기사도 필요하고 고속도로 통행료와 주차료도 내야 하고 밥값도 사람 수에 따라 더 들기 때문에 어쩔 수 없이 일반 여행 가이드를 '모시기'로 한 터였다.

"기차 시간까지는 아직 좀 남았습다. 어디로 감까?"

"옛날 지난역으로 가보자."

"아, 잘됐습네다. 우리도 거기서 쉬저우로 가는 기차 탈 겁네다."

어, 아닌데? 쉬저우행 열차는 우리의 KTX에 해당하는 고속 철도로 옛날 지난역과는 다른 곳에서 타야 한다는 것을 검색을 통해 이미 알고 있었다. 왠지 모를 불안감이 슬며시 다가왔다.

'이 친구 믿을 만한가?'

확인 차원에서 다시 또박또박 말했다.

"새로 생긴 기차역 말고 옛날 지난역, 구舊 지난역!!"

"아 옛날 역 말임까?"

그러더니 녀석이 분주하게 검색을 시작했다. 나는 '가이드 분'을 녀석이라고 지칭하기로 했다. 검색을 끝냈는지 또 헤벌쭉 웃는다. 웃는 낯이라 좋긴 하다.

"여기서 멀어?"

"안 멈네다!"

"뭐 타면 되지?"

"택시 타도 되고 버스 타도 됩니다."

"빠른 것으로."

"그럼 버스 타쎄요. 택시는 비싸고 밀린단 말임다."

택시는 밀리는데 버스는 안 밀린다? 여기도 버스 전용 차선이 있나?

“얼마나 걸릴까?”

“별로 안 걸림돠.”

구 지난역을 둘러보고 다시 고속철이 출발하는 신新 지난역으로 이동할 여유가 있을지는 공항을 빠져나온 지 겨우 20분밖에 안 되는 나로서는 알 도리가 없었다.

어쨌든 녀석의 권유에 따라 공항에서 버스를 탔다. 차창 밖으로 보이는 지난 시가지는 중국의 여느 도시들과 크게 다르지 않았지만 전에 없는 풍광들이 눈에 들어왔다. 거리를 가득 메운 오토바이들 중에서 전기 오토바이가 눈에 띄게 많았다.

“전기 오토바이가 많네.”

“예, 나라 차원에서 전기 오토바이를 권하고 있슴다. 미세먼지 때메요.”

“오, 미세먼지도 알아?”

“안단 말임돠!”

“훌륭하도다. 근데 여긴 산둥성인데 차량 번호판에 왜 노魯자가 붙어 있지?”

중국의 차량 번호판은 그 성省의 앞 글자를 붙이는 것이 보통이었다. 가령 지린성吉林省의 경우 길吉 자 다음에 숫자가 붙는 식이었다. 지난은 산둥성이니 산山자나 하다못해 동東자가 붙어 있어야 할 텐데 그게 아니었다.

"아 그거 말입까? 여기가 옛날 노나라 지역이라 노魯자가 붙어 있쎄요."

"그래? 노나라가 어떤 나라야?"

"네?"

"몰라?"

"모름돠."

녀석이 몰라서 정말로 미안하다는 표정을 지으며 핸드폰을 꺼내 검색할 태세를 갖췄다.

"그만둬. 3,000년 전쯤에 생겨난 나라를 네가 어떻게 알겠으며 나 또한 어찌 알겠느뇨?"

녀석이 멀뚱히 나를 바라보았다.

굳이 가장 먼저 옛 지난역으로 가려고 했던 것은 준엽이 학도병으로 끌려와 중국 땅에서 맨 처음 닿은 곳이기 때문이었다.

유학생에서 학도병으로

제2차 세계대전이 한창이던 1943년 10월, 일제는 '반도인 학도 특별지원병제'를 감행했다. 글자 그대로 한국인 출신 대학생들을 입대시킨다는 것이었다. 1937년 중일 전쟁을 일으킨 일제는 1938년 '국가 총동원법'을 제정하여 모든 인력과 물자를 전쟁으로 내몰기 시작했다. 더불어 일제는 동남아시아 진출을 시도했다. 거기에는 동남아시아를 통해 중국에 원조 물자를 제공하는 미국과 영국 등의 보급망을 끊으면서, 동시에 자원을 탈취하려는 의도가 깔려 있었다. 이를 위해 그들이 내세운 것이 이른바 '대동아 신질서'와 '대동아공영권' 따위였다.

제2차 세계대전 발발 이후, 1941년 일본은 하와이 진주만을 기습하며 태평양 전쟁을 일으켰다. 일제는 전쟁의 장기화에 대비했다. 그 방안의 하나가 한국인에 대한 통제였다. 이른바 '내선일체'론을 내세워 황국 신민화에 박차를 가했다. 일선동조론 따위를 내세우며 창씨개명을 강요하고 한국어 말살 정책을 본격적으로 펼친 것도 이즈음이었다.

태평양 전쟁으로 전선은 넓어졌다. 일본의 예상과 달리 미국은 전격적으로 전쟁의 한가운데로 뛰어들었다. 1942년 미국은 급기야 도쿄를 공습하기 시작했으며, 6월에는 미드웨이 해전에서 일본 해군을 격파했다. 전황은 급격하게 기울고 있었다. 전쟁을 감당할 인력 부족에 직면한 일제는 급기야 한국인 대학생들도 전장으로 내몰기 시작했다. 처음에는 이른바 '불령선인*'에게 총을 주는 것은 위험하

* 불온하고 불량한 조선 사람이라는 뜻으로, 일본 제국주의자들이 한국 사람을 비하하는 말.

다고 여겨 한국인 학생들은 징집에서 배제하던 정책을 바꾼 것이다. 전쟁터로 끌려간 한국의 청년 학생들이 약 20여만 명이었으며 김준엽도 그중 한 명이었다.

미군이 처음 도쿄를 공습하던 1942년 4월, 준엽은 도쿄에 있었다. 준엽은 시내에 나가 책을 사고 하숙집으로 돌아오는 길에 미 공군의 공습 광경을 바라보았다.

당시 준엽은 게이오대학 동양사학과에 다니고 있었다. 게이오대학은 일본 근대화의 선구자라 불리는 후쿠자와 유키치가 설립한 학교였다. 일찍이 서양 문물을 접한 후쿠자와 유키치는 메이지 정부의 입각 권유를 모두 물리치고 학문 연구와 제자 양성, 교육 사업에 몰두한 인물이었다. 덕분에 그는 근대 일본 건설에 누구보다 큰 공헌을 한 인물로 평가받았고, 준엽 자신도 후쿠자와 유키치의 생애에서 적지 않은 감명을 받았다고 했다.

지금껏 준엽은 1920년 8월 평안북도 강계군 시중면에서 4남1녀의 막내로 태어났다고 알려져 있었다. 그런데 최근 조사에서 준엽은 실제로 1923년 8월 생이었다는 것이 밝혀졌다. 해방 후 중국 대학에서 교편을 잡으면서 자신의 나이를 올렸다는 것이다. 너무 어린 나이라 신뢰를 얻지 못할까 나름 걱정하여 나이를 올렸다고 했다.

준엽은 조선 시대 임금께 직언을 했다가 평안도로 유배당한 가문의 후예였다. 그 덕분에 대대로 '반골 기질'이 강한 집안이었다고 준엽 스스로 술회했다.

그의 아버지는 강직한 유학자였지만, 이재에도 밝았다고 알려져 있다. 아버지는 강계읍에서 직조공장도 경영하고, 상업에도 종사했다고 전해진다. 유복한 집안에서 별 어려움 없는 어린 시절을 보낸 준엽은 5년제 신의주동중을 졸업하고 일본 유학길에 올랐다.

1943년 10월, 여름 방학을 마치고 도쿄로 돌아간 준엽에게 청천벽력 같은 전보가 왔다. 아버지의 별세 소식이었다. 준엽은 이때 도쿄의 하숙집을 완전히 정리했다. 이미 학도병 입대가 결정된 상황, 그는 다시 도쿄로 돌아오지 않으리라 결심했다. 선박과 열차를 갈아타면서 도쿄에서 강계까지 가는 사흘 동안 준엽은 깊은 생각에 잠겼다. 그리고 결론을 내렸다.

탈출이었다.

일본군 학도병으로 징집되는 것을 피해 만주 등지로 피신하는 유학생들이 적지 않았지만, 준엽은 일단 징집에 응한 다음 일본군 부대를 탈출할 계획을 세웠다. 그는 동남아가 아니라 중국으로 배치될 거라는 정보도 입수하고 있었다.

1943년 말, 서울에서 예비 훈련도 받았다. 최남선, 이광수 등은 학도병들을 상대로 입대를 권유하고, 일본과 천황폐하께 충성을 강조하는 연설회도 열었다. 준엽은 '친일 주구 세력들의 구역질 나는 궤변'을 듣기 싫어 연설회에 참석하지 않았다.

입대

1944년 1월 18일, 준엽은 고향 강계를 떠났다. 기차역에는 어머니와 형들뿐만 아니라 많은 마을 사람이 배웅을 나왔다. 모두가 준엽을 위로하며 무사히 돌아오기를 기원했다. 그러나 준엽은 일본군에 입대하기 위해 떠나는 길이 아니라 독립군에 가담하기 위해 떠나는 길이라고 스스로 다짐했다. 그는 아무도 모르게 유서를 써서 집 안에 남겨 놓고 나왔다.

고향을 떠난 준엽은 평양으로 갔다. 당시 평양은 학도병들의 첫 집결지였다. 준엽의 배낭과 부적 주머니에는 탈출을 위한 물품들이 들어 있었다. 중국어 교본, 중국 지도, 나침반 그리고 적지 않은 현금과 아버지의 유품인 단검을 챙겨 넣었다. 중국어 교본은 탈출 후 중국인들과의 소통을 위한 것이었으며, 아버지의 유품은 탈출이 실패로 끝날 경우 사용할 것이었다. 그는 일본군에게 잡히고 싶지 않았다.

날이 어두워져서야 도착한 평양역과 거리는 각지에서 모여든 학도병들로 떠들썩했다. 준엽은 평양에서 친구이자 동기인 신상초를 우연히 만났다. 둘은 의기투합하여 기생이 있는 술집을 찾았다. 입대 전날의 기생집 출입, 자포자기의 심경도 한몫했겠지만 호탕한 성격을 가진 신상초의 강권을 거부하기 어려웠을 것이다.

평안북도 정주 출신의 신상초는 준엽과 함께 신의주고등보통학교를 졸업하고 일본 후쿠오카고등학교를 거쳐 동경제국대학 법과에 유학하고 있었다. 나중에 학도병을 탈출하여 조선의용군에 가담했다가 광복한 후에 탈출하는 바람에 북한 공산당에게 체포되어 수감생활을 하기도 했다. 이후 월남하여 교수, 언론인, 정치인으로 활동한 인물이었다.

1944년 1월 20일, 준엽은 대동강 건너에 있는 일본군 39여단 42연대에 입대했다. 1,500여 명의 학도병들이 함께 입대했다. 준엽은 여기서 약 3주간 머물렀다. 그동안 가족들은 거의 매일 면회를 왔다. 그리고 2월 13일 마침내 준엽과 학도병들은 평양역을 출발했다.

일제는 준엽과 학도병들에게 일본군 이등병 계급장을 달아주었다. 제대로 된 훈련도 없이 계급장을 준 것은 곧바로 전선에 투입하겠다는 일본 측의 계략이었다.

준엽이 탄 입영 열차 안은 난장판이었다. 일본군 학도병으로 나가는 것을 자랑스러워하는 이들이 훨씬 많았다. 전장에서 공을 세워 일본군 장교가 되어 금의환향하겠다는 무리는 소리 높여 군가를 부르기도 했다. 앞으로 어떤 운명이 펼쳐질지 모른 채 젊은 그들은 들떠 있었다.

그만큼 일제는 학도병들을 전장으로 내몰면서 철저한 사상교육으로 세뇌를 했고, 그것이 통했다. 준엽도 마찬가지였지만 당시 학도병들은 나라가 망하고도 10년이나 지나서야 태어난 세대로, 일제의 교육과 문화는 그들에게 너무나 자연스러운 옷이었다.

준엽은 차창에서 눈을 떼지 않았다. 신의주를 지날 때는 5년 동안의 학창 시절을 회상하기도 했다. 신의주고등보통학교 시절의 스트라이크. 사상범으로 투옥된 은사들, 일본으로 수학여행을 갔다가 일본 학생들과 패싸움을 벌였던 일, 밤새워 준비하던 대학 입시 등….

준엽은 압록강 철교를 지나면서 모든 것이 마지막으로 느껴졌다고 했다.

'과연 살아 돌아올 수 있을까?'

준엽과 1,500여 명의 학도병을 태운 열차는 산하이관山海關:산해관에서 오래 머물렀다. 만리장성의 끝자락에 위치한 산하이관은 중국의 내륙과 변방의 경계였다. 산하이관을 넘으면 중국군들의 세력이 영향을 끼치는 곳, 즉 일본군이 말하는 적지敵地였다. 실제로 산하이관을 출발한 열차는 철저한 등화관제* 속에서 달렸다.

준엽의 열차가 지난역에 도착한 것은 새벽녘이었다. 밤이라서 황하를 보지 못한 것이 유감이었다고 이후에 그는 자서전 〈장정〉에서

* 야간에 적의 공습에 대비하기 위해 등불을 모두 가리거나 끄는 일.

술회했다.

지난濟南역에서

지난濟南 공항에서 옛 지난역까지, 시내를 관통하는 버스는 한 시간 반이 지나서야 역 앞에 우리를 내려 주었다.

"얼마 안 걸린다며?"

"중국에서는 얼마 안 걸린 검다."

녀석이 눈을 똥그랗게 뜨고 나를 바라보며 말했다. 나는 속으로 삭였다.

'한 시간 반이면 서울에서 대전까지 한국 땅의 반을 간다. 요 녀석아!'

역 광장으로 다가가자 처음 눈에 들어온 것은 넓은 광장도 아니고 엄청난 역사도 아닌 그냥 '사람'이었다. 남녀노소 상관없이 사람이 파도처럼 넘실대고 있었다. 역 광장에도, 대합실에도, 거리에도, 골목에도, 버스 정류장에도 사람이 넘쳐나고 있었다.

'사람이 많지 않으면 중국이 아니죠.'

어느 프로그램에서 중국인이 했던 말이 생각났다.

"지난은 인구가 얼마나 돼?"

녀석에게 물었다.

"한 1억 될 검돠."

검색도 하지 않고 녀석이 대답했다. 너도 어쩔 수 없는 중국인이구나. 허풍일 것이다.

"적지는 않네."

"에?"

나는 지난역 광장을 천천히 걸었다. 광장의 동쪽 끝에서 서쪽 끝까지 중국인 인파에 섞여 천천히 걸었다. 그러나 그때의 준엽을 만날 수는 없었다. 역사 건물은 현대식으로 변해 있었고, 오가는 중국인들의 표정에서 75년 전 일본군 학도병으로 끌려왔던 한국인 청년의 비애 따위를 느끼는 것은 당연히 불가능했다.

"여기서 더 이러면 안 되쎄요. 기차 시간 늦어요."

지난의 다음 목적지는 쉬저우徐州였다. 이동 수단은 열차였으며 출발 시각은 18시 17분, 아직도 한 시간 반가량 시간이 남아 있었다.

"아직 시간 있잖아."

"우리는 고철高鐵 탄단 말임다. 한국의 KTX."

"알아, 타면 되지."

"그건 지난서西역에서 타야 한단 말임돠."

"그것도 알아, 서역까지는 얼마나 걸려?"

그런데 그때는 몰랐다. 녀석과 함께하는 열흘 동안 내가 가장 많이 하는 질문이 '얼마나 걸려?'라는 것을 그때는 몰랐다.

녀석이 스마트폰으로 검색하더니 말했다.

"20 킬로임돠."

"뭐어?"

도심에서 20km…!

"내비게이션이 뭐래?"

"1시간 10분 걸린담돠."

열차 시간까지 겨우 한 시간 반, 여유 시간은 겨우 20분 정도로 빠듯하다.

"진작 말씀하셔야지. 빨랑 택시 잡아. 택시 타는 데가 어디야?"

"찾아야 함돠!"

"뭘 찾아?"

"택시 탄다지 않았슴네까?"

"타자니까!"

"찾아야 탈 수 있쎄요."

역 앞에서 택시를 찾다니? 그런데 여기는 한국이 아니었다. 한국에서 역 앞은 어딜 가나 빈 택시들이 즐비하게 늘어서서 손님을 기다리고 있지만 지난역 앞에는 아예 택시 정류장조차 없었다.

"어디로 가야 돼?"

이미 퇴근 시간이 시작된 '인구 1억'의 지난역. 녀석과 나는 4차선 도로를 몇 번이나 건너다녔지만 빈 택시는 씨가 말랐는지 한 대도 보이지 않았다. 갑자기 등줄기가 서늘해졌다.

"버스 알아보자."

녀석이 다시 스마트폰을 뒤졌다.

"버스는 없는 것 같슴돠."

'없는 것 같다니?' 이 사람을 정말 믿어도 되나? 그렇게 허둥대고 있는데 웬 사내들이 다가왔다.

뭐라고 하는데 눈치를 보아하니 오토바이 영업꾼들 같았다.

"오토바이 타쎄요. 이건 안 막혀요."

순간 고민이 되었다. 탈까? 한국에서는 연예인들이 타신다잖는가? 그런데 오토바이를 본 나는 포기하고 말았다. 한국의 거리를 누비는 배달용 크기의 오토바이 뒷자리에 등에 커다란 배낭을 메고 타고 싶지 않았다. 뒤에 앉는 순간 핸들이 '후딱' 들릴 것 같았다. 나도 나지만 녀석의 짐도 문제였다. 나는 배낭을 멨지만 녀석은 커다란 여행용 가방을 끌고 있었다. 아무리 후하게 봐줘도 플라이급밖에 안 될 녀석이 자기 덩치 만한 '돌돌이' 가방을 들고 오토바이 뒤에 타는 것은 불가능해 보였다.

"안 탄다고 해라!"

"싸요. 30위안!"

"두 대에 30이야? 한 대에 30이야?"

"한 대요."

"두 대 15위안에 가자 해."

이미 타지 않을 결심을 한 나는 되는대로 질러 봤다.

"택시 잡겠쎄요."

녀석이 풀 죽은 목소리로 대답했다. 따지고 보면 녀석이 뭘 잘못한 것은 아니었다. 역 앞에 택시 정류장 하나 만들어 놓지 않은 이 나라 교통 행정이 문제지.

그런데 다음 순간 눈이 번쩍 뜨였다. 동남아시아에서 흔히 볼 수 있는 뚝뚝이 한 대가 골목 안쪽에 서 있는 것이 아닌가? 몇 해 전만 하더라도 중국의 어느 도시에서나 흔히 볼 수 있었던 오토바이가 끄는 '삼륜차'였다.

"저거 얼만지 물어봐."

녀석이 다가가 한참 동안 흥정을 했다.

"50위안 달래요."

"25위안!"

일단 절반으로 꺾어 놓고 시작하는 것이 이 나라 흥정법의 정석이라고 나는 굳게 믿고 있었다.

녀석이 뭐라고 하자 늙은 기사가 천천히 내렸다. 등은 심하게 구부정했고 걸음걸이는 절뚝거렸다. 만만찮은 장애를 가진 듯했다. 요금 흥정은 포기했다.

"타자!"

나의 배낭과 녀석의 이민용 가방을 싣고 둘이 삼륜차에 올라앉았다. 늙은 기사는 노련했다. 그는 결코 차도로 달리지 않았다. 인도로

만 달렸다. 물어보니 불법 영업이란다.

오전에는 단속이 심해 오후 늦게 나온다고 한다. 차량 가격은 대략 3,000위안으로 50~60만 원 정도란다. 전기 배터리를 장착하는 데만 2,000위안이 들었지만, 하루에 100위안 벌기도 어렵단다. 그런 뜻에서 늙은 기사는 오늘 횡재했다. 하루 수입의 절반을 한탕에 벌었으니….

40여 분을 달려 지난서역에 도착했다. 택시를 고집했더라면 아직도 시가지를 헤매고 있을 시각에 다행히 지난서역에 도착한 것이다.

"몇 살이냐고 물어봐."

요금을 건네주며 녀석에게 말했다. 다음 순간 나는 기절할 뻔했다. 노인 기사의 연세가 나와 같았던 것이다.

지난서역의 규모는 어마어마했다. 새로 지은 고속철 역사로 역사 앞뒤의 광장만 해도 여의도 공원만한 규모로 보였다.

오래 전부터 중국을 다니면서 나는 웬만하면 '규모'에는 놀라지 않으리라 다짐하고 있었다.

어느 대학의 도서관 문이 우리나라 성문 크기여도 놀라지 않았으며 논두렁이 숲으로 돼 있어도 놀라지 않으리라 다짐했다. 자금성도 '고만고만하구나'라고 생각하려 애썼으며 철길 건널목에서 지나가는 화물차량을 세다가 중간에 잊어먹을 정도여도 놀라지 않았다. 아니, 놀라지 않으려고 했다. 내가 놀라는 모습을 보며 호탕하게 웃는 그쪽 일행들에게 꿀리지 않으려는 발악이기도 했을 것이다.

지난서역에서도 나는 그러고 있었다. 내심 놀란다는 상투적인 표현이 어떤 것인지 나 혼자 실감하고 있었다.

어두워지는 지난서역에서 고속 열차에 올랐다. 지난서역에서 오늘의 목적지인 쉬저우역까지는 약 250km로 한 시간 반이면 간단다. 열차가 움직이기 시작한 지 얼마 지나지 않아 저물어 가는 대륙의 풍광이 차창 밖으로 휙휙 지나갔다.

그때의 준엽은 아침 햇살이 비칠 무렵 지난역을 출발했다. 한참을 가다 보니 산악지대가 보였다. 준엽은 그것이 '태산'이라고 짐작했다. 중국의 5대 명산 중 하나로 역대 황제들이 하늘에 제사를 지냈다는 태산이다. 준엽은 차창 밖 풍경을 보면서 언젠가는 역사학도로서 중국 곳곳을 여행하리라 생각했다. 그 여정에서 준엽의 머릿속에서 떠나지 않는 생각들이 있었다.

일본군 탈출! 임시정부! 그리고 독립운동이었다.

공자의 고향 곡부를 지난 다음 넓은 평원을 달리고 달려 준엽을 태운 열차는 오후 늦게 안후이성 쉬저우역에 도착했다. 평양역을 출발한 지 3박 4일 만이었다.

나는 오후 8시 무렵 쉬저우동東역에 도착했다. 평양역을 출발한 준엽이 3박 4일에 걸쳐 도착한 쉬저우를 나는 인천 공항에서 출발한 지 6시간여 만에 도착한 것이다.

내가 도착한 곳은 새로 지은 고속철역으로 준엽이 도착했던 역과는 다른 곳이었다.

개표구를 빠져나오며 녀석이 의기양양하게 말했다.

"숙소는 걸어가도 돼요."

여정의 시작

쉬저우徐州에서의 첫 밤은 푹 잘 수 있었다. 늦은 저녁을 먹으면서 함께 했던 바이주白酒 덕분이었다. 중국 여행을 할 때마다 나는 웬만하면 '동네 술'을 마셨다. 세계적으로 이름난 중국술이 적지 않지만 나는 꼭 동네 술을 고집했다. 일단 쌌다. 싸므로 가짜가 없었다. 싼 술을 가짜로 내놔봤자 돈이 되지 않으니 굳이 가짜를 만들 필요가 없는 것이다.

"빨리 먹으쎄요. 금방 택시 옴다!"

녀석이 아침밥을 퍼 넣으면서 말했다.

"얼마에 하기로 했어?"

"400위안요."

"팁 따로 줘야 돼?"

"뭐…, 그건 알아서 하쎄요."

"기사한테 팁 주면 넌 기사한테서 얼마 받아?"

“그런 거 없습다.”

“그래? 그럼 안 준다.”

“에?”

아침 식사를 마치고 식당을 나서자 승용차 한 대가 숙소 앞에서 경적을 울린다.

“저 차임다.”

“택시가 아니잖아?”

그랬다. 녀석이 하루 400위안에 섭외한 차는 일반 승용차였다. 대번에 자가용 불법 영업이라는 말이 떠올랐다.

“불법 아냐?”

“아임다. 중국에서는 다 이렇게 함다.”

사람 좋게 생긴 한족 기사가 꾸벅 인사를 한다.

“니하오, 니 한궈러마?안녕하세요, 한국인이에요?”

“시- 조바!자, 갑시다.”

불법인지 합법인지는 모르겠지만 승용차가 출발했다.

“이 친구 몇 살이래?”

“나보다 한 개 많아요.”

그래? 그럼 스물일곱이군. 음….

“다슈자大許家:대허가역은 알고 있다고 해?”

“검색하면 됩다.”

핸드폰을 들고 있던 녀석이 검색이 끝났는지 본격적으로 기사와 대화를 시작했다. 녀석은 뭔가 묻는 기색이고 기사는 걱정하지 말라는 투로 쉼 없이 얘기를 이어갔다. 조금 지나니까 화제가 다른 데로 옮겨간 것 같았다. 둘의 데시벨은 만만치 않았으며 화제는 무궁무진했다.

늘 느끼는 바이지만 중국인들은 처음 만난 사이인데도 금방 친해지고 뭐라고 떠들어댄다. 이런 경험은 예전에도 적지 않았다.

랴오닝성遼寧省:요녕성 전시대TV방송사와 압록강을 소재로 3부작 다큐멘터리를 공동 제작할 때도 그랬다. 하루 종일 답사를 마치고 원탁에서 저녁 식사를 하는데 운전했던 기사가 떡하니 부사장 옆에 앉아서 함께 식사를 하고 있었다.

한국이라면 상상도 못할 장면이었다. 방송사 부사장님께서 외국 손님들과 만찬을 하는 자리에 회사의 운전기사가 동석을 한다? 동석이라면 또 그렇다 치더라도 이 젊은 기사는 밥알을 튀겨가며 '공식 만찬' 내내 뭐라고 떠들며 우리의 화제에 끼어드는 데도 주저함이 없었다. 연변 방송 팀과의 자리에서도 비슷한 경험을 했다. 높고 낮고 늙고 젊음의 차이 없이 모든 직원이 우리와 함께 둥근 식탁에 둘러앉아 있었다.

인상 깊었던 일은 성별에 구애하지 않고 다들 한마디씩 하며, 건배사나 환영사를 거리낌 없이 말한 것이다. 그리고 주흥이 무르익자 서슴없이 함께 춤을 추자며 손을 내밀었다.

한국의 회식 장면, 기다란 탁자에 높으신 분은 저 앞쪽 한가운데 앉아 계시고 젊은 직원들은 출입문 쪽에 앉아서 탁자 밑으로 핸드폰을 만지작거리며 언제 이 자리가 끝나나 하고 기다리는 것이 일반적이지 않던가?

높으신 분은 자신의 경험담과 의견을 마음껏 피력하고 아랫사람들은 경쟁하듯 맞장구치는 장면만 봐 왔던 나는 신선한 충격을 받았다.

사회주의 문화의 영향이 아닌가 싶었다. 토론하고 비판하며 수용하는 문화, 그리고 남녀노소 평등을 강조한 사회주의 교육과 문화의 영향은 아닐까? 나 혼자 그렇게 생각했던 적이 있다.

쉬저우 시내를 벗어나자 앞에 요금소가 보인다. 생김새를 보니 고속도로는 아니고 유료 국도쯤 돼 보였다. 성격 좋고 말 많은 기사가 게이트에 차를 대더니 창문을 내리고 요금 받는 여성 복무원과 한참 이야기를 나눴다. 정말 꽤 오랫동안 대화를 주고받았다.

지겨워진 내가 녀석에게 물었다.

"저 둘이 아는 사이야?"

그럴 수 있겠다 싶었다. 좁은 지역 사회에서 아는 사람이 요금소에 근무할 수 있는 거 아니겠는가?

"아니에요."

"근데 무슨 이야기를 저렇게 오래 해?"

"그냥 저 여자한테 자기가 아는 사람 이름 말해 주고 있쎄요."

"왜?"

"아는 사람 있다고 하면 공짜로 갈 수 있쎄요."

감이 왔다. 이 요금소를 통과하려는 기사가 지인이 여기 근무한다고 하면 요금 징수원도 그냥 알아서 대충 통과시켜 주기도 하는 모양이었다. 온정이 있는 사회다. 그런데 문제는 기사 본인도 모르는 사람의 이름을 마구 읊어댄다는 것이었다. 결국 뒤차가 몇 번이나 경적을 울린 다음에야 10위안을 내고 통과했다.

기사 녀석이 뭐라고 투덜거렸다. 전에는 통했는데 오늘은 안 된다고, 재수가 없다고 투덜대는 것 같았다. 나중 이야기지만 돌아올 때도 시도해 봤는데 실패했다. 돌아올 때는 나도 속으로 응원했다.

'제발 아는 이름 걸려라!'

통행료는 어차피 내가 내야 했으므로….

다슈자大許家역을 찾아서

1944년 2월 16일 오후, 준엽은 쉬저우徐州역에 도착했다. 그는 자신의 도착을 '유배'라고 표현했다. 날씨는 쌀쌀하고 바람은 심했으며 황사가 하늘을 가리고 있었다고 했다.

일행은 일본군 장교의 지시에 따라 '보무도 당당하게' 쉬저우 시내를 행진했다. 준엽이 보기에 당시 쉬저우는 인구 50만 정도의 도시로 보였다.

쉬저우 시내를 벗어나자 준엽의 눈앞에는 난생처음 보는 장면들이 펼쳐졌다. 피폐한 중국 농촌, 저고리에 있는 이를 잡아 그대로 입에 넣는 중국인들. 이런 장면을 보며 준엽은 루쉰魯迅:노신의 〈아큐정전〉 일부를 떠올렸다. 부모로부터 물려받은 자신의 몸에서 피를 빨아먹은 이의 피를 다시 빨아먹는 장면! 준엽은 이들의 행위가 유교적 사고방식의 영향이라고 생각했다.

준엽 일행은 일본군 '츠카다' 부대에 도착했다. 부대명은 사단장 이름에서 따왔다. 준엽은 여기서 간단한 신체검사를 받고 방역 주사도 맞았다. 그리고 9일 후 그는 쉬저우에서 동쪽으로 약 60km 떨어져 있는 다슈자역으로 이송되었다. 용해선 철길이 지나가는 곳이었다.

준엽은 다른 학도병 네 명과 함께 다슈자역에서 가까운 경비중대로 배속되었다. 동행한 학도병 네 명 모두 릿쿄대학, 동경중앙대학, 동경미술전문학교의 한국인 유학생들이었다. 쉬저우에서 다슈자로 가는 한 시간여 동안 그들은 금방 친해졌다.

그런데 이상했다. 준엽이 처음 내렸다고 한 다슈자역을 찾는 게 쉽지 않았다. 녀석은 몇 번이고 검색을 했다. 동네 사람들마다 다슈자역을 모른다고 했다. 분명히 기찻길이 옆에 보이는데도 역을 모르다니….

하지만 그럴 수도 있겠다 싶었다. 당시 준엽이 내렸던 다슈자역은 용해선의 작은 역이었다. 우리나라도 그렇지만 중국도 70년 전의 철길이 바뀌었을 수도 있고, 작은 간이역이라면 없어졌을 수도 있을 것이다.

물어물어 찾아간 옛 역 하나, 뉘엔장역이라는 곳이었다. 여기가 그곳일까? 지도상이나 김준엽의 자서전에 따르면 이곳이 다슈자역일 가능성도 아주 없지는 않아 보였다. 뉘엔장역은 이미 폐허가 되어 있었고 작고 낡은 팻말만이 기둥에 붙어 있었다.

우리가 폐역 앞에서 서성대자 어떤 중늙은이가 다가왔다.

"여기서 뭐하나?"

눈치로 사내의 질문을 알아챈 나는 약간 긴장했다. 제법 말쑥한 차림에 목소리에도 카리스마가 살짝 묻어 있었다. 혹시 관공서나 공안 쪽과 연결되는 인물 아닐까? 그러면 괜히 피곤해지는 수가 있는데….

"다슈자역 찾는다고 해."

나는 녀석에게 솔직하게 말하라고 했다.

"왜 찾느냐는데요?"

"나는 한국관광회사 이사인데 한국 사람들 중에서 다슈자역을 보고 싶어 하는 사람들이 많아서 관광 상품을 개발하러 왔다고 해!"

이건 전에도 써먹은 수법이다. 지린성吉林省 투먼圖們에서 두만강을 몰래 촬영하러 가다가 중국 국경수비대에 걸린 일이 있었다. 아뿔싸! 여권은 옌지延吉의 숙소에 두고 온 터였다. 코디한테 사정을 설명시키고 명함을 보여 줬다. 그 명함의 내 직함은 관광회사 이사였다.

동생이 운영하는 관광회사의 이사 명함을 미리 준비해 갔다.

'두만강변 관광코스를 개발하러 왔다.'

다행히 사드 사태 전이라 중국의 국경수비대는 수고하시라며 인사까지 했다. 물론 명함과 함께 건넨 몇 장의 지폐도 효력을 발휘했을 것이다.

사내는 다슈자역은 뉘엔장역으로 이름이 바뀌었다가 없어졌다고 했다. 왜 한국 사람들이 다슈자역을 보고 싶어 하는지 묻지 않고 사내는 총총히 사라졌다.

아쉬웠다. 다슈자역 플랫폼에서 학도병으로 처음 자대 배치를 받았던 준엽의 심경을 느껴보고 싶었던 바람이 사라진 것이다.

낯선 대륙의 한 모퉁이에서 낯선 바람을 맞으며 일본군 전선에 배치됐을 학도병 준엽, 스물두 살의 그가 느꼈을 막막함을 나도 느껴보고 싶었다.

할 수 없다. 철길 사진이나 찍자.

"혹시 철도 위로 고가 도로 지나가는 곳 있는지 찾아봐."

"네!"

대답은 참 잘한다. 몇 번을 이리저리 다니다가 저쪽에 철도를 가로지르는 고가 도로 하나를 찾았다. 고가 도로 위에 서자 쭉 뻗은 용해선 철로가 시원스레 눈에 들어왔다.

복선으로 잘 단장된 용해선이었다. 그 옛날 준엽은 보나 마나 단

* 중국의 동서를 관통하는 용해선 철로. 김준엽은 이 철도를 따라 쉬저우徐州에서 다슈자大許家로 이동했다.

선 철로를 타고 왔을 것이다. 그런데 사진을 찍다 보니 저쪽에 철로의 폭이 넓어지는 곳이 눈에 들어왔다. 그 옆으로는 지선 철도가 놓여 있었고 역사驛舍와 비슷한 작은 건물도 보였다.

'저긴 어디지?'

고가 도로 입구에 작은 상점 하나가 보인다. 상점으로 다가갔다. 한적한 도로변에 서 있는 전형적인 구멍가게였다. 이름하여 백화상점! 가게 안으로 들어가 일단 음료수부터 시켰다.

"작가님이 한국 사람 맞냐고 물었쎄요."

가게 주인과 몇 마디 나눈 녀석이 나한테 말했다.

"어떻게 알았대?"

"전에도 한국 사람 왔대요. 일본 사람들도 왔고요."

"그래?"

느낌이 팍 왔다.

"저게 다슈자역인지 물어봐."

"맞대요!"

쉬저우시徐州市 다슈젠大許鎭:대허진 다슈자역이 거기 있었다. 준엽 시대 다슈자젠大許家鎭은 다슈젠大許鎭으로 이름이 바뀌어 있었다. 상점 주인은 다슈자역은 폐쇄되었다고 했다. 이제 더 이상 여객을 위한 열차는 없다고 했다.

* 김준엽이 처음 일본군 자대 배치를 받았을 때 도착한 다슈자大許家역.

닫힌 철문 사이로 간신히 다슈자역의 플랫폼을 들여다볼 수 있었다. 준엽이 처음 내렸을 때의 플랫폼은 그대로일까? 철로 반대편으로 가니 〈大許家驛: 다슈자역〉 팻말이 보였다. 하얀 목재 바탕에 검은 글씨였다. 그것만으로도 그때의 준엽과 확 가까워진 느낌이었다.

지옥의 주둔지

1944년 2월 15일, 다슈자大許家역에 내린 준엽은 역에서 서북쪽으로 약 1km 떨어진 곳에 있는 외곽 경비 중대로 배속되었다. 준엽의 중대가 주둔하던 마을은 약 300호 정도의 규모였는데 마을을 빙 둘러 해자가 조성돼 있었고 약 8m 높이의 토성이 마을을 둘러싸고 있었다고 했다. 중국은 역사적으로 전쟁과 도적떼의 출몰이 그치지 않았다. 그래서 각 도시나 마을은 준엽이 목격했던 것과 같은 자체 방어 시설을 갖추고 있었을 것이다.

준엽의 경비 중대는 마을의 민가를 빼앗아 중대 본부와 막사 등으로 사용하고 있었다. 마을 안에는 친일 괴뢰 부대인 왕징웨이汪精衛: 왕정위 부대도 함께 주둔하고 있었는데 이들은 일본군의 지휘를 받고 있었다. 준엽의 중대는 고참병 70명과 신병 54명이었다. 준엽은 척탄통 분대, 즉 소형 유탄 발사기를 다루는 분대에 배치되었다.

경비 중대의 훈련은 매우 엄격했다. 특히 신병들은 3개월간의 초급 훈련 이후 사단 본부에서 종합 평가를 받도록 되어 있었다. 바로 이 경비 중대에서 준엽은 뜻밖의 인연을 만났다.

준엽의 훈련을 담당한 소후에 교관이 준엽이 다니던 게이오대학의 4년 선배였던 것이다. 그는 나름 준엽을 각별히 대했다. 준엽은 그의 방에서 전황에 대해 설명을 들었고 40리 밖에 안되는 가까운 수양宿羊:숙양이란 곳에 중국군 유격대가 있다는 사실을 알게 됐다. 준엽한테는 단비같은 정보였다.

준엽은 뛸 듯이 기뻤다. 부대로부터 700리약 280km 정도 떨어진 정저우鄭州:정주로 가야 중국군을 만날 수 있을 거라고 생각했다. 그래서 정저우까지 갈 여비도 현금으로 몰래 준비해둔 터였다. 그런데 불과 16km 동북방에 중국군 유격대가 있다는 것이었다. 준엽은 자신의 지도에서도 '수양'이라는 곳을 확인했다.

어느 날 준엽은 훈련을 마치고 귀대하는 길에 해자에 돌멩이 하나를 던졌다. 동료들이 그를 힐끔 바라봤지만 준엽은 개의치 않았다. 물소리로 미루어 해자가 깊은 것 같지는 않았다. 그리고 토성 위 초소 보초병들의 교대도 유심히 살폈다. 토성 위의 벽은 어디가 넘기 쉬운지, 철조망은 또 어디가 허술한지 유심히 살폈다.

준엽은 하루라도 빨리 탈출하고 싶었다. 훈련을 하고 있을 때였다. 일본군 고참병 두 명이 중국인 청년을 하나 끌고 왔다. 그들은 끌고 온 청년을 미리 파놓은 구덩이 앞에 세우고 눈을 가렸다. 소후에는 착검을 지시하고는 신병들에게 한 줄로 서서 차례로 중국인 청년을 찌르라고 명령했다. 이른바 '기모다메시[담력시험]'였다.

준엽은 맨 뒷줄에 서서 달려가 찌르는 시늉만 했다. 이미 중국인 청년은 절명한 후였다.

뿐만 아니었다. 사격 훈련을 할 때는 인근 민가의 중국인 양민들을 표적으로 삼아 실탄 사격을 하기도 했다. 그곳은 지옥이었다. 준엽은 하루빨리 탈출하고 싶었다.

마침내 탈출

주둔지에서 준엽은 한국인 학도병 3명을 따로따로 만났다. 그리고 넌지시 탈출 의향을 물었다. 세 명 모두 펄쩍 뛰었다. 모두가 탈출에 반대했다. 준엽은 그들에게 자신도 탈출하지 않겠다고 말할 수밖에 없었다.

그런데 1년 7개월 후, 준엽은 이들 3명의 학도병과 조우했다. 1945년 11월, 준엽은 한국광복군 총사령관 지청천의 부관이 되어 있었다. 이미 전쟁이 끝난 후였기에, 준엽은 지청천과 함께 난징[南京]에 있던 일본군 포로수용소를 찾았다. 한국인 포로들을 인수하여 다시 교육한 뒤 광복군에 편입시키려던 계획의 일환이었다. 바로 여기서 준엽은 연합군의 포로가 된 이들과 조우한 것이다.

탈출 기회를 엿보던 준엽에게 기회는 의외로 일찍 찾아왔다. 1944년 3월 15일, 고참병들이 3주간 중국군 유격대 토벌 작전을 나간다고 했다. 그리고 곧이어 하남작전에 바로 투입된다는 정보를 입수했다. 이제 주둔지에는 신병들만 남게 된 것이었다. 천재일우의 기회였다.

탈출 날짜를 고민하던 준엽의 꿈에 지난해 가을에 돌아가신 아버지가 나타났다. 하얀 모시옷을 입은 아버지는 '달아나려거든 3월 29일에 달아나라'고 말씀하셨다. 깨어나서 달력을 보니 마침 그날은 그믐밤, 달도 없는 날이었다.

준엽은 강계에 있는 어머니와 형들에게 편지를 썼다. 무사히 잘 지내고 있다고 쓴 다음, 편지 말미에 초초草草라고 썼다. 준엽은 고향을 떠나기 전 이미 가족들과 암호를 정해 두었다. 편지 끝에 초초라고 쓰면 일본군을 탈출한다는 것이고, 경구敬具라고 쓰면 여전히 일본군 진영에 있다는 뜻이었다.

탈출 사흘 전인 토요일, 준엽은 배가 아프다고 했다. 소후에 교관은 배가 아프다는 준엽의 말을 듣고 하루 쉬도록 했다. 준엽은 하루 종일 내무반에 홀로 누워 체력을 비축했다.

준엽이 탈출하기로 한 3월 29일은 전 부대원의 행군이 예정돼 있었다. 그렇게 토요일을 꾀병으로 쉰 준엽은 다음 날 저녁 빵 세 개를 받았다. 행군 때 먹을 점심용 빵을 전날 저녁에 미리 나눠준 것이다. 준엽은 소후에 교관에게 몸이 나아졌으니 내일 행군에 참여할 수 있다고 해서 빵을 받은 것이다. 비상식량 문제는 그렇게 해결했다.

다음은 탈출 시간, 보초 교대는 위병소에서 이뤄지는데 겨우 3분이었다. 준엽은 철조망을 빨리 넘기 위해서 미리 군복을 입고 잠자리에 들었다. 잠자리에 들기 전 준엽은 처음이자 마지막으로 분대장의 침구를 깔아 주었다. 그리고는 분대장 사물함에서 수류탄 하나를 훔쳤다. 탈출에 실패하면 사용할 자결용이었다. 다른 분대장들과 어울려 술을 마시고 돌아온 분대장은 다행히 수류탄이 없어진 줄 모르고 잠자리에 들었다.

준엽은 새벽 두 시까지 이불 속에서 기다렸다. 그가 새벽 두 시를 탈출 시각으로 잡은 것도 치밀한 계산에 의한 것이었다. 준엽의 주둔지에서 중국군 유격대가 있다는 수양宿羊까지는 약 40km, 한 시간에 10km씩 가면 동트기 전인 오전 6시에는 도착할 수 있을 거라는 계산을 한 것이다. 준엽은 이불 속에서 성냥불을 그어가며 편지 한 통을 남겼다. 소후에 교관에게 남기는 편지였다.

한국 혁명지사 김준엽

새벽 두 시, 준엽은 기적처럼 주둔지 철조망을 넘고 해자를 건넜다. 그리고 밤새도록 북쪽을 향해 달렸다. 그가 철조망을 넘을 즈음 뒤에서 '누구냐?'는 보초병의 목소리가 들렸지만, 준엽은 개의치 않고 달렸다. 물구덩이도 지나고 갈대밭도 지나고 밭두렁에 발이 걸려 넘어져도 아픈 줄 모르고 달렸다.

그렇게 몇 시간을 달렸을까? 그의 눈앞에 희미한 물줄기가 하나 나타났다. 지도에서 확인했던 바로 그 강 부라오허不老河:불노하였다. 글자 그대로는 늙지 않는다는 뜻이지만 일년 내내 마르지 않는다고 해서 붙여진 이름이라고 들었다. 이제 이 강만 건너면 일본군 점령지를 벗어나 중국군 유격대가 장악하고 있는 지역으로 갈 수 있었다.

동틀 무렵 준엽은 강변에 섰다. 그런데 강을 건널 방법이 없었다. 아직은 쌀쌀한 3월 말, 준엽은 옷을 벗고 강으로 들어섰다. 그러나 수심이 깊은 강을 한 손으로 헤엄쳐 건너는 것은 불가능했다. 더군다나 강바닥에는 수초들이 엉켜 있었다. 옷과 배낭을 들고 수영하는 것을 포기한 준엽은 다시 강둑으로 나왔다.

날은 밝아오는데 숨을 곳이 없었다. 마을로 숨어드는 것도 위험했다. 이 지역은 친일 괴뢰군인 왕징웨이 부대가 장악하고 있을지도 모를 일이었다. 그런 준엽의 눈에 막 강을 건너는 나룻배 하나가 보였다. 준엽은 태워달라고 소리치며 달려갔다. 돈을 꺼내 흔들어 보였지만 중국인 사공은 오히려 배를 더 빨리 저어 건너가 버렸다. 사공 입장에서는 새벽에 웬 젊은 군인이 불러대니 놀라기도 했을 것이다.

준엽은 체념 상태에 빠졌다. 강둑을 오가며 생각에 잠겼다. 여기까지 온 것도 최선을 다한 결과니 이제 나머지는 운명에 맡기자고 했다. 이때 준엽이 되뇌었던 말이 '내 할 일을 다하고 하늘의 뜻을 기다린다'는 진인사대천명盡人事待天命이었다. 준엽은 이때를 회상하여 가훈을 '진인사대천명'으로 삼았다고 술회했다.

날이 완전히 밝아지자 마을이 보였고 마을 어귀에 노란 군복을 입은 군인 하나가 앉아서 총에 기대 졸고 있는 것이 보였다. 순간 준엽은 하늘이 무너지는 느낌을 받았다. 노란 군복은 친일 괴뢰군인 왕징웨이 부대의 군복이었다. 파란 군복의 중국 국민 정부군을 기대했던 준엽은 자포자기하고 말았다. 밤새도록 달려와 모든 기력을 잃은 준엽은 강둑만 왔다 갔다 했다. 들판으로 일을 나가는 중국인 농민들이 그를 힐끔힐끔 바라보았다.

그리고 얼마나 지났을까? 노란 군복을 입은 한 무리의 군인들이 그를 빙 둘러싸고 총부리를 겨눴다. 동네 사람들도 큰 구경거리를 만난 듯 군인들 뒤로 둘러서 있었다. 준엽은 일본말로 일본어를 아느냐고 물었지만 아무도 대답이 없었다. 대신 포위망만 좁혀왔다. 준엽은 그들에게 손짓 발짓으로 추우니 우선 어디 좀 들어가자고 했다.

노란 군복의 군인들이 준엽을 크고 어두컴컴한 어느 집 안으로 데리고 들어갔다. 실내에는 커다란 탁자가 있었고 탁자 앞에는 막 잠에서 깬 듯한 사내가 평상복 차림으로 앉아 있었다. 준엽은 직감적으로 그가 이곳 책임자라는 것을 알아챘다. 준엽은 그들에게 손짓으로 필담을 요구했다.

잠시 후 커다란 종이와 벼루가 준비됐다. 준엽은 종이 위에 한자로 자신은 일본군 척후병이라고 썼다. 그들은 아무런 반응이 없었다. 준엽은 다시 종이 위에 썼다.

'너희들은 정말로 일본 사람을 좋아하느냐?'

그러자 그들이 고개를 끄덕거렸다. 순간 준엽은 모든 것이 끝났다고 생각했다. 이들은 일본 사람을 좋아하는 친일 괴뢰군인이 틀림없었다. 이제 어떻게 될 것인가? 다시 부대로 소환되고 탈출은 실패로 돌아갈 것이다. 그 이후에는? 감옥으로 가게 될지, 즉결 처형을 당할지 아무것도 알 수 없었다.

준엽은 사실 그대로 알리기로 했다. 자신은 한국 사람으로 일본군을 탈출했으며 한국 독립군을 찾아가는 길이라고 썼다.

준엽은 사물용 보따리에서 수류탄도 하나 꺼내 보였다. 그리고 탈출 준비용 주머니에서 사진도 한 장 꺼내 보여주었다. 대학생 교복 차림의 자신이 한복 차림의 어머니와 함께 찍은 사진이었다. 사진을 본 중국 군인들은 준엽이 한국인이라는 것을 완전히 믿는 눈치였다. 탁자 건너편에 앉아 있던 책임자가 종이를 당겨 그 위에 붓으로 커다랗게 썼다.

'환영 한국 혁명지사!歡迎 韓國革命志士!'

그들은 왕징웨이 군으로 위장한 중국 국민 정부군 유격대였다. 그제야 준엽은 긴장이 풀리면서 온몸이 바들바들 떨려왔다. 새벽에 강물에 들어갔던 추위까지 한꺼번에 몰려온 것이다. 그들은 준엽을 위해 크게 술상을 차렸다. 아침부터! 준엽은 그들이 따라주는 대로 바이주白酒를 마셨지만 조금도 취하지 않았다.

준엽은 치밀한 준비 끝에 마침내 탈출에 성공하였다. 이렇게 그는 일본군 '학병 탈출 제1호'가 되었다.

그 강변에서

준엽이 처음 자대 배치를 위해 내렸던 다슈자大許家역을 확인한 나는 그가 주둔했던 곳을 찾아보고 싶었다. 김준엽은 역에서 서북쪽으로 약 1km 지점에 주둔지가 있었다고 기록하고 있다. 역에서 나와 대충 눈짐작으로 북서쪽으로 1km를 이동했으나 흔적조차 찾을 수 없었다. 중국 특유의 거리와 건물들이 줄지어 선 읍내가 형성돼 있었다.

"이제 어디로 가세요?"

"근처에 강이 있을 거야. 부라오허不老河라는 강."

녀석이 자기보다 나이가 한 살 많은 기사에게 뭐라고 하자 기사는 이번만은 자신 있다는 듯이 자동차 머리를 돌렸다. 그러나 강줄기 찾는 것 또한 쉽지 않았다. 어느 마을로 들어섰는데 포장도 덜된 마을 길을 빙빙 돌기만 할 뿐이었다. 마음은 바빴지만 내색하지 않았다.

나는 이미 몇 해 전에 중국에서 강 찾기가 얼마나 어려운지 경험한 바 있었다. 모 방송사와 함께 야심차게 기획을 한 적이 있었다. 쑹화松花:송화강을 따라가는 다큐멘터리였다. 백두산에서 발원하여 대륙을 흘러 헤이룽장성黑龍江省:흑룡강성 퉁장同江:동강까지 이어지는 물줄기. 약 2,000km로 중국에서 세 번째로 긴 쑹화강을 따라가며 우리 역사의 흔적과 조선족 중국 동포들의 삶과 문화를 만나보자는 기획이었다.

그런데 함께 취재를 다니면서 이것이 얼마나 무모한 기획이었는지 실감했다. 나는 쑹화강이 우리의 북한강처럼 경춘가도를 따라가면 늘 만날 수 있을 줄 알았다. 그런데 아니었다. 도로에서 쑹화강변까지 100km가 넘는 곳이 수도 없이 많았다.

지린吉林, 쑹위안松原, 하얼빈哈爾濱 같은 대도시에서는 강줄기를 가까이서 볼 수 있지만, 그 외 소규모 도시나 농촌 지역은 고속도로에서 한나절 이상 떨어져 있기 일쑤였다. 단 20일간의 취재 기간을 맞추기 위해 밤마다 대륙의 별을 보며 달렸던 경험이 있었다.

그런데 쑹화강은 그렇다 치더라도 마을 가까이 있을 것이 뻔한 부라오허강은 왜 못 찾는단 말인가? 최첨단 기기 내비게이션까지 갖추고 있으면서…. 나는 아직도 그 기사와 녀석이 왜 헤맸는지 이해를 못하고 있다.

"저기에 차 세워 봐."

마을 어느 가게 앞에 노인 몇이 모여 있는 것이 보였다. 녀석이 그들에게 다가가 뭐라고 물었다. 한참 대화를 나누던 그들 중에서 어느 노인이 나에게 다가오더니 악수를 청했다. 손을 잡고 뭔 일인가 하며 녀석을 바라보았다. 녀석이 히죽 웃으며 말했다.

"제가 한국에서 제일 유명한 작가님이라고 했쎄요."

그러자 대여섯 노인 전부가 돌아가면서 악수를 청해왔다. 까짓 하자. 분위기 좋아서 나쁠 것 없을 테니까. 그리고 이들이 내가 제일 유명한지 아닌지 '검색'을 해볼 것도 아니고.

"헌까우싱 런스니…. 쎄쎄.만나서 즐거워요. 감사합니다."

간신히 외워 둔 중국어를 내뱉으니 더 좋아라 한다. 그러자 휠체어를 탄 노인이 다시 뭔가 진지하게 나한테 설명을 했다. 중국어에도 능통한 제일 유명한 작가라고 여긴 것 같았다.

"강은 저쪽으로 가면 있고요. 거기에 뭔가 돌도 있대요."

"돌? 돌이야 어느 강에나 있잖아."

"아뇨 그런 돌 말고, 큰 거. 한국 사람들이 거기 왔다 갔대요."

귀가 번쩍 뜨였다.

"기념비 말이냐?"

"예. 그런 거예요, 그거!"

부라오허 강변에 한국 사람들이 세운 기념비가 있다? 틀림없이 준엽과 관련이 있을 듯했다.

한국에서 제일 유명한 작가님과의 이별을 아쉬워하는 촌로들과 헤어져 그들이 가르쳐 준 대로 차를 몰았다. 골목을 돌고 돌자 마침내 다리 하나가 나타났다. 30년은 더 넘었을 것 같은 좁은 콘크리트 다리였다. 나는 차에서 내려 다리를 천천히 걸었다. 다리의 길이는 채 100m도 되지 않았다.

* 다슈자大許家역 북쪽에 있는 부라오허不老河강. 탈출 후 김준엽이 처음 건넌 강으로 이 강변에서 나중에 만난 장준하 등과 애국가를 불렀다.

나는 다리 한가운데서 부라오허강을 내려다보았다. 강변은 평화로웠다. 준엽이 뛰어들었을 때는 3월의 차가운 강물이었다. 물살의 흐름은 거의 없었고 강 양쪽은 숲과 갈대들이 우거져 있었다. 저쪽 강변에는 낚시꾼 몇 명이 물그림자 위에 자신을 던져 놓고 있었다. 낡은 차량과 중국인들은 다리를 건너다니고 있었다.

75년 전, 일본 군복을 입은 학도병 준엽은 바로 이 강에 자신의 운명을 맡겨두고 있었다. 목숨을 건 탈출. 그의 앞을 가로막았던 강, 부라오허. 그야말로 강물은 말이 없었다.

아차, 기념비! 한동안 강물을 바라보던 나는 휠체어 탄 노인이 말했던 '돌'이 생각났다. 그런데 이 강변에서 어떻게 그 돌을 찾는단 말인가?

"저 사람들한테 물어봐!"

나는 녀석에게 낚시하는 사람들을 가리키며 말했다.

"함께 가세요."

녀석은 풀숲으로 뒤덮인 강둑을 혼자 내려갈 엄두가 안 나는 모양이었다. 둘러보니 저쪽에 강으로 내려가는 계단이 보였다. 계단을 내려서자 허리 높이보다 훌쩍 자란 풀들이 앞을 가로막았다.

간신히 풀숲을 헤치고 가서 낚시꾼들에게 이 근처에 커다란 비석이 있느냐고 물었다. 그러자 낚시꾼 하나가 우리가 내려온 계단을 가리키는 것이었다. 이상했다. 계단과 풀숲을 지나오는 동안 기념비는 보지 못했는데…. 내가 아무것도 없더라는 표정과 손짓을 하자 낚시꾼은 더욱 확신에 찬 표정과 손짓으로 말했다.

하는 수 없이 다시 돌아와 막 계단을 오르려는데 왼쪽 풀숲 사이에 커다란 대리석 하나가 누워 있는 것이 보였다. 혹시나 해서 다가가 보니 표면이 매끈하게 다듬어진 대리석이었다. 그런데 돌은 누워만 있을 뿐 아무런 글자도 새겨져 있지 않았다. 대리석을 뒤덮고 있는 가시덩굴을 거둬내며 이리저리 살펴보는데 저쪽에서 낚시꾼이 뭐라고 고함을 질렀다.

"이거 맞대요. 여기 와서 한국인들이 절도 하고 그랬대요."

* 부라오허不老河 강변의 대리석. 한국인들이 이곳에서 추모제를 지냈다고 현지인들이 증언했다.

돌아와서 그 돌의 정체를 알기 위해 자료를 찾아보다가 영상 하나를 발견했다. 장준하 선생 기념사업회에서 젊은 학생들과 함께한 답사 영상이었다. 부라오허에 도착한 답사팀은 추모제를 올리고 있었다. 아주 짧은 순간, 상석으로 사용된 돌이 눈에 들어왔다. 내가 부라오허에서 중국인 낚시객의 도움으로 발견한 바로 그 대리석 같았다.

영상 속에는 당시 탐사팀의 추모제를 강둑에서 구경하는 수많은 중국 현지인들도 보였다. 나한테 돌의 위치를 알려 준 그 낚시객도 그 때의 구경꾼이었는지 모르겠다는 생각이 들었다.

잘 다듬어진 사각의 하얀 대리석, 어쩌면 이곳에 기념비를 세우려다 여의치 못했던 것은 아닐까?

바닥에 누워 있는 미완의 기념비를 위해 내가 할 수 있는 것은 없었다. 맨손으로 주변의 풀을 치우고 하얀 대리석 바닥을 손으로 쓰다듬는 것이 전부였다. 언젠가는 이 강둑에 저 대리석이 바로 서면 좋겠다. 저 비석에는 과연 어떤 글귀를 새겨야 할까?

꽤 오랫동안 대리석 앞에 서 있다가 강둑으로 올라왔다.

중국군 유격대원 김준엽

왕징웨이 군으로 위장한 중국 국민 정부군 유격대

의 융숭한 대접을 받은 준엽은 네 명의 호위병과 함께 그들의 사령부로 향했다. 그들은 부라오허不老河를 나룻배로 건넌 다음 북으로 향했다. 준엽의 눈앞에 끝없이 펼쳐진 광활한 평야가 보였다.

그런데 준엽을 호송하던 유격대들의 행동이 이상했다. 한참을 걷던 그들이 준엽에게 갑자기 권총을 겨눴다. 그러더니 준엽의 시계와 방한 내의를 빼앗았다. 나아가 아버지 유품인 칼까지 내놓으라고 했다. 준엽은 이것만은 줄 수 없다고 버텼다. 땅바닥에 아버지의 유일한 유품이라고 써 가며 버텼다.

결국 칼을 포기한 그들은 준엽의 안경까지 뺏으려 했다. 준엽은 안경이 없으면 장님이나 마찬가지라며 손짓 발짓으로 거부했다. 그들은 자신들이 준엽의 소지품을 빼앗았다는 사실을 발설하지 말라고 했다. 준엽은 그럴 생각도 없었다. 그랬다가는 어떤 보복을 당할지 알 수 없었기 때문이다.

나중에 탈출한 장준하 선생과 그 일행도 중국 유격대원들의 이런 횡포를 당했다. 당시 중국 유격대원들의 수준이 딱 그 정도였다. 장준하 선생도 그들에게 빼앗긴 물건에 대해 함구했다고 그의 자서전에 기록해두고 있다.

유격대 사령부는 생각보다 멀었다. 다섯 시간을 걸어 어느 작은 마을에 도착했다. 이미 준엽이 온다는 소식이 전해져 있었기에 많은 유격대원과 마을 사람들이 구경 겸 마중을 나와 있었다. 그들의 표정에서 준엽은 호의를 느꼈다.

어느 민가로 안내된 준엽은 그곳에서 유 참모장과 손영 참모를 만났다. 그들은 정식 군복을 입고 준엽을 맞이했다. '한국 혁명지사'에 대한 그들 나름의 예의였다.

준엽은 이들과 4개월 동안 생활하였다. 그중에서 손영 참모와 장 대위, 유 중위라는 인물들과 특히 가깝게 지냈다. 첫 만남에서 그들과 필담을 하던 준엽이 용기를 내어 영어를 했더니 그들도 알아들었다. 특히 베이징北京:북경 출신의 유 중위는 영어에 비교적 능통했다. 문법 위주의 일본식 영어 교육을 받은 준엽도 영어가 능통한 것은 아니지만 아쉬운 대로 의사소통은 가능했다. 준엽은 특히 영어에 능숙한 유 중위와 쉽게 친해졌다.

중국군 유격대에 합류한 김준엽, 그러나 일본군과 싸울 기회는 좀체 찾아오지 않았다.

합류한 첫날 밤에 출동 명령이 떨어졌지만 전투는 없었다. 대신 밤새도록 이동만 할 뿐이었다.

새벽 두세 시까지 유격대는 이동만 했다. 숨소리조차 내지 못하는 상태에서의 이동. 준엽은 뭐가 어떻게 돌아가는지도 몰랐다. 나중에서야 알게 된 사실이지만 그날 밤의 이동은 준엽 때문이었다.

준엽의 탈출 사실을 알게 된 일본군들이 혹시 기습할지 몰라 밤새도록 이동을 한 것이다. 이후로도 준엽의 유격대 생활은 이동의 연속이었다. 일본군과의 본격적인 전투보다는 이동이 더 많았다.

이런 이동은 나중에 장준하, 윤경빈, 홍석훈, 김영록 등이 합류한 후에도 계속 이어졌다.

나중에 준엽은 자신의 신체가 기형적이라고 말했다. 그때 하도 많이 걸어 다녀 다리가 상체에 비해 비정상적으로 굵어졌다고 했다.

아직 다리가 굵어지기 전, 일본군을 탈출하여 기적처럼 중국군을 만난 준엽은 이제 일본군 학도병에서 중국 국민 정부군 유격대원이 되었다.

수양宿羊을 찾아서

다슈자大許家역과 부라오허不老河강을 둘러본 나는 마음이 급해졌다. 쉬저우徐州에는 내일 오전까지만 머물 수 있다. 그런데 아직도 둘러볼 곳이 많았다. 쉬저우 시내에 있는 츠카다 부대 사령부도 봐야 하고 준엽의 유격대가 일본군에게 큰 타격을 입힌 '지아왕賈汪:고왕 탄광'도 둘러보고 싶었다.

"한국에서는 몇 시에 점심 먹으세요?"

부라오허 강변 다리 옆에 세워 두었던 차에 오르면서 녀석이 진짜 궁금한 건지 아니면 제 딴에는 에둘러 말하는 건지는 모르겠지만, 점심때가 살짝 지나있다는 것을 알려왔다. 아닌 게 아니라 배가 고팠다. 허름한 호텔 주변 노점에서 현지인처럼 기름에 튀긴 기다란 빵[유탸오]과 두유로 아침을 때웠다.

“기사는 어떻게 해?”

“따로 먹을 거예요. 그래도 돼요.”

“내가 점심 산다고 해!”

녀석이 뭐라고 하자 기사 녀석이 돌아보고는 사람 좋게 씩 웃는다. 그리고는 메뉴를 정하기 위해 또 둘이서 한참이나 실랑이를 벌였다. 아마도 한국에서 온 손님이니 어떤 음식점을 정해야 할지 가늠이 잘 되지 않는 모양이었다.

“일단 수양으로 가! 여기서 얼마나 걸려?”

“수양이요? 잠깐만요.”

녀석이 다시 검색이라는 것을 하더니 난감한 표정을 짓는다.

“여기서 몇백 km 돼요.”

그럴 리가 없었다. 수양은 일본군 주둔지에서 북쪽으로 약 40km 떨어진 곳이었다. 준엽이 처음 중국군 유격대와 만난 곳도 주둔지 40km밖에 되지 않았을 것이다.

밤새도록 달렸다면 그 정도일 거라고 나는 생각했다.

“줘 봐!”

“뭘 말입네까?”

나는 식탁 가에 있는 누런 냅킨을 가리켰다. 그리고 조심조심 찢어지지 않게 수양을 써 보여주었다.

“북쪽으로 40km 정도야. 다시 찾아봐!”

“아, 있쎄요!”

아마도 상세 지도를 보고 찾은 모양이었다. 그렇게 해서 도착한 수양에서 우리는 점심부터 먹기로 했다.

“뭐 먹어요?”

“아무거나.”

“식당은요?”

그게 그 질문 아니냐? 배가 고팠던 나는 약간 짜증 섞인 목소리로 대답했다.

“아무 데나 정해!”

“비싼데 정해도 괜찮으쎄요?”

“안 돼!”

“에?”

음식점에 들어서면서 나는 약간 후회했다. 음식점의 규모나 특유의 냄새, 그리고 와글거리는 실내 소음이야 익숙해져 있기에 괜찮았는데 힐끔 들여다본 주방장이 너무 젊어 보였다.

음식 주문을 녀석에게 맡겨두고 식당 주인 좀 불러오라고 했다.

“왜요?”

“너 배고프지?”

“네!”

“그러면 자꾸 말 시키지 말고 식당 주인 좀 데려와.”

머리를 짧게 자른 주방장 겸 식당 주인이 무슨 일인가 하는 표정으로 다가왔다. 나는 혹시나 하는 마음으로 주인에게 물어보라고 했다. 혹시 어른들한테 중국군 유격대에 대해 들은 바가 있느냐? 일본군들에 대해 들은 바가 있느냐? 예상대로 주인은 전혀 모른다고 했다.

모를 만도 할 것이다. 가령 자신의 집이 유격대 사령부로 사용됐다고 하더라도 중국에서는 그 사실을 내놓고 말하기 어려웠을 것이다. 두어 번의 국·공 합작이 있었지만, 당시 준엽이 합류한 유격대는 장제스 국민당 군대였다. 마오쩌뚱의 중국 공산군과 대립 관계에 있던 군대였다.

이후 공산당이 집권을 하고 그 유명한 문화혁명까지 거친 지금의 중국이다. 비록 일제강점기지만 자신의 할아버지나 아버지가 장제스 군대에 협조했다는 것은 반란군에게 협조한 것이나 마찬가지 아니겠는가?

국내외 가릴 것 없이 현지 취재를 가면 동네 터줏대감, 그러니까 노인들을 찾아보는 것이 가장 쉬운 지름길이다. 그들의 단편적인 기억의 조각을 맞추다 보면 새로운 사실들이 밝혀지는 경우가 적지 않았다.

수양의 노인들을 만나 당시의 이야기를 들으면 좋겠지만 그럴만한 시간적 여유가 없었다. 오늘 하루 더 쉬저우에서 묵고 내일 일찍 떠나야 하는 여정이기 때문이었다.

또한 당시 유격대 사령부를 찾는 것도 사실상 불가능했다. 군대 막사를 지어놓은 것이 아니라 일반 민가를 빌려 사령부로 사용하다가 또 어느 날 밤 홀연히 사라지기를 거듭하던 유격대였기 때문이다.

점심을 먹은 뒤, 잠시 수양의 거리를 걸었다. 당시 준엽이 처음 도착했던 중국군 유격대가 있었을 것으로 추정되는 곳은 아직 개발 바람이 불어 닥치지 않은 듯했다. 널찍하고 한산한 거리, 키 낮은 붉은 벽돌 건물들이 정감있게 다가왔다.

도로 한가운데에 서 있는 아치 구조물 하나가 눈에 들어왔다. 중국 최대의 따산大蒜:대산 생산지라 쓰여 있었다. 마늘 주산지였다. '이곳에서 생산된 마늘을 조국의 삼겹살집에서 꽤나 먹었겠구나' 라는 생각이 들었다.

"여기 마늘 농사 언제부터 시작했대?"

"나도 여게 처음이에요."

그러게, 네가 어찌 알겠느냐? 수양을 벗어나자 역시 드넓은 평원이 펼쳐졌다. 준엽이 처음 유격대와 만나 사령부로 가면서 '이것이 중원이구나'하고 느꼈던 바로 그 평원이었다.

지금은 철이 아니어서 마늘은 보이지 않았지만, 준엽이 그들과 합류했던 그해 봄에는 마늘 수확이 한창이었을지도 모른다. 밤마다 중국군 유격대와 옮겨 다닐 때, 마늘밭도 숱하게 지나다녔을 것이다.

저 넓은 평원 어디쯤 준엽의 발자국이 남아 있을까?

지아왕賈汪 탄광을 찾아서

중국군 유격대에 합류한 지 석 달쯤 지난 1944년 7월 6일, 그날 준엽은 몹시 흥분해 있었다. 그날 밤 일본인이 운영하던 지아왕 탄광 공격이 계획돼 있었기 때문이었다. 지아왕 탄광은 중국군 유격대가 활동하는 지역의 서북쪽에 있는 일본인 소유의 석탄 탄광이었다.

그런데 일본인들의 중국인 광부에 대한 처우가 형편없었다. 저임금에 혹독한 노동은 기본이었다. 당시 유격대 사령관 한즈룽韓治隆:한치룽은 몇 차례나 중국인 광부들의 처우 개선을 요구했지만 아무런 소득이 없었다. 그러자 한즈룽 사령관은 지아왕 탄광을 폭파해버리겠다고 최후통첩을 했다. 그런데도 아무런 응답이 없자 사령관은 실제로 행동에 나섰던 것이다.

밤 11시경 유격대는 지아왕 탄광 인근에 박격포 등을 설치했다. 그리고는 사령관의 공격 명령만을 기다리고 있었다.

양측 사이에 치열한 포격전만 전개되었을 뿐 보병끼리의 접전은 없었다. 이후 지아왕 탄광은 한동안 가동되지 못했다. 중국군 유격대의 포격에 큰 피해를 입었던 것이다.

"여긴 탄광이 아니잖아?"

"여기 맞대요!"

녀석이 눈을 동그랗게 뜨고 나를 바라본다.

"저길 봐, 가구 공장이라고 써놨잖아?"

"여기라고 했쎄요."

조금도 지지 않는 녀석이다. 나는 준엽이 본격적으로 전투에 참가한 지아왕 탄광을 찾고 싶었다. 현지인들은 고개를 절레절레 내저었다. 이 지역에 탄광이 있었지만 지금은 다 없어지고 저수지나 공원 혹은 마을로 바뀌었다고 했다.

혹시나 하는 마음에 어느 현지인이 가리킨 곳으로 찾아갔지만, 탄광이 아니었다. 육중한 철문이 잠겨 있는 그곳은 가구 공장이라는 간판이 붙어 있었다. 나와 녀석 그리고 기사가 서성이는데 어느 아주머니 한 분이 지나간다. 나는 녀석에게 아줌마한테 물어보라고 했다.

"여기서 일한대요."

"그래? 근데 왜 문이 잠겨 있어?"

"오늘 쉬는 날이래요."

"예전에 탄광이었대?"

"모른대요."

참 모르는 것도 많다. 짐작건대 이 지역에는 탄광이 여러 군데였던 것 같다. 탄광이 저수지나 공원 등으로 바뀌었다는 현지인들의 증언이 있지 않았던가? 그러니까 문 닫힌 이 가구 공장터가 예전에 준엽이 공격했던 그곳이 아닐 수도 있다. 그냥 돌아서려는데 공장 안에서 누군가 다가온다. '당신들 누구냐?'고 묻는 것 같았다. 그러면서 다가온 사내는 공장 문 위에 달려 있는 CCTV를 가리켰다. 녀석이 뭐라고 하자 사내가 고개를 끄덕였다.

"여기 탄광터 맞대요. 7~8년 전에 문을 닫았대요."
"공장 안을 구경할 수 있는지 물어봐. 한국에서 오신 유명한 작가님이라 하고."
"꼭 그렇게 말해요?"
"켕기니까 자꾸 묻지 마!"

사내는 순순히 공장 문을 열어주었다. 자신을 왕씨 성을 가진 관리인이라고 소개했다. 악수를 하는데 손힘이 보통이 아니다. 사람 좋게 웃는 사내를 따라 공장 안으로 들어서자 저쪽에 낡은 건물이 하나 보였다. 붉은 벽돌 건물이었다.

"저건 무슨 건물이래?"

* 지아왕賈汪 탄광 내부의 폐쇄된 건물, 중국인 광부들의 숙소로 추정된다.

* 광부들이 사용하던 숙소 내부.

"안 쓰는 건물이래요."

느낌이 왔다. 다가가자 버려진 건물에는 작은 쪽방들이 다닥다닥 붙어 있었다. 예상대로 탄광 노동자들이 기거하던 방이라고 했다. 갱도 입구가 있느냐고 묻자, 없다고 했다. 아마도 노천 탄광이었던 듯했다. 허락을 받고 사진 몇 장만 찍었다. 별다른 감흥은 없었다.

오래전 일본 후쿠오카의 어느 탄광에서 한국인 강제 징용자들이 머물렀던 건물을 봤을 때 느꼈던 그 어떤 묵직함은 느낄 수 없었다. 중국인 노동자들이 수용돼 있던 곳이라서 그랬을까?

조우

지아왕賈汪 탄광 기습이 끝난 사흘 후, 준엽은 손영 참모로부터 놀라운 소식을 들었다. 중국군 유격대 서남지구에 탈출병으로 보이는 일본군 네 명이 나타났다는 것이었다. 자신과 마찬가지로 탈출한 한국인 학도병일 것이라고 직감한 준엽은 그들을 잘 보호하고 환영해달라고 부탁했다.

해 질 무렵, 마을 사람들이 웅성대기 시작하더니 손영 참모가 와서 일본 병사들이 막 도착했다고 했다. 준엽은 한달음에 달려가 사령부 마당으로 뛰어들었다.

이때의 장면을 장준하 선생은 그의 자서전 〈돌베개〉에 생생하게 기록해 두었다.

우리는 어느 한 집으로 안내되었으며 그 뜰 안의 밀짚 낟가리 밑에 기다리게 되고 전령만이 안으로 들어갔다. 초조한 한순간이 가슴을 조여왔다. [중략] 이윽고 한 사람이 나타났다. 중국 군복을 입은 한 홍안의 미청년이었다. 어쩐지 말도 내기 전인데 호감이 가는 인상이었다. 우리는 우리의 앞을 점치고 있었다. 그러나 이상하게도 그는 우리를 보자마자 이미 다 알고 있다는 듯이 미소를 머금었다. 우리 여섯 개의 눈동자 속에 그는 점점 다가오고 있었다.
그리고는 와락 달겨들듯이, "한국 분들이죠?" 하고 분명한 우리말로 이렇게 물으면서 바로 우리 앞에 섰다. 우리는 아무도 입을 열지 못했다. 누구의 입도 떨어지지 않은 것이 사실이다.
"……"
이런 곳에서 한국 사람을 만나다니…. 나는 절대자에게 감사를 느꼈다.
"그렇습니다. 한국 사람입니다."
아직도 공포에 싸이고 지친 가느다란 목소리였다. 이 한마디를 큰소리로 못 하고 머뭇거린 그 이유를 나는 아직도 모르고 있다. 그는 우리의 한국말 대답을 듣고 와락 달려들어 차례로 안아주었다.
"탈출이시죠?"
"그렇습니다."
그는 더욱 힘차게 끌어안았다. 그도 탈출병이라고 했다. 더욱 놀란 것은 그도 쉬저우에서 탈출했다고 했다. 그가 바로 쓰카다 부대 한국 학도병

탈출 제1호였다. [중략]

이 아름다운 낯선 청년의 친절과 같은 모국어에서 풍기는 그 다정함은 우리에게 하나의 등대와 같았다. [중략] 김준엽 동지는 탈출 이후부터 배운 것이라는데 놀라울 정도로 중국어를 유창하게 하고 있었다. 그의 통역으로 우리는 그동안 말 못 하던 벙어리 가슴을 털어 놓았다.

〈장준하, "돌베개 : 장준하의 항일대장정", 돌베개, 2015, p. 65-66〉

이때 만난 이들이 장준하, 윤경빈, 홍석훈이다. 낯선 땅에서 같은 한국인 학도병, 그것도 자신과 마찬가지로 일본군을 탈출한 학도병을 만난 준엽은 감격에 겨웠다. 준엽을 만난 이들도 마찬가지였다.

김준엽, 장준하 두 어른의 자서전을 읽으면서 나는 이 대목에서 한동안 책장을 넘기지 못했다. 그들의 만남이 마치 드라마나 영화의 한 장면처럼 선명하게 그려졌다.

얼마나 안도했으며, 얼마나 반가웠을까? 이후 김준엽과 장준하 두 분은 필생의 동지가 되었다. 1975년 장준하 선생이 의문의 죽음을 당할 때까지 '나는 그와 일생을 같이 했다'고 김준엽은 회고했다.

준엽은 이들로부터 자신의 이야기도 전해 들었다. 장준하 일행은 츠카다 부대에 있을 때 준엽의 탈출 소식을 들었다고 했다. 일본군들은 준엽이 탈출하다가 팔로군에 잡혀 죽창에 찔려 죽었다고 선전했단다.

장준하도 그렇게 믿고 있었다. 탈출 전 장준하는 츠카다 부대로 전속돼 가자마자 한국인 탈출병에 대한 이야기를 들었다. 탈출했던 학도병 하나가 중국 팔로군 죽창에 찔려 죽었으며 그 시체가 10일 동안이나 대롱대롱 매달려 있었다고 일본군 교관이 말했다는 것이다. 그렇게 죽었다던 한국인 탈영병이 버젓이 눈앞에 나타났으니 장준하 일행은 놀랍고도 감격스러웠다.

사실 준엽의 탈영은 다른 학도병들에게는 남모를 고통을 주기도 했다. 준엽이 탈영하자 일본군들은 한국인 학도병들에 대한 감시와 통제를 강화했고 식민지 청년들에 대한 무시와 멸시도 더 심해졌다.

그날 밤, 낙오됐던 김영록도 무사히 돌아왔다. 준엽이 중국군 유격대에 이야기하여 대대적인 수색을 벌였고 그 덕분에 무사히 구출될 수 있었다.

며칠 뒤, 장준하, 윤경빈, 홍석훈, 김영록 그리고 준엽은 부라오허不老河 강변에 섰다. 지긋지긋한 일본 군복을 벗어 던진 네 사람과 준엽은 그대로 강물에 뛰어들었다. 이들에게도 중국군 군복이 지급됐다.

목욕재계였다. 다시 강둑으로 나온 다섯 명은 동북쪽을 향해 머리를 깊이 숙였다. 조국 배례였다. 그리고 함께 애국가를 불렀다. 올드랭 사인 곡조에 맞춰 힘차게 불렀다.

'동해물과 백두산이 마르고 닳도록….'

목이 메도록 몇 번이나 되풀이하며 불렀다. 준엽은 1절 가사만 알고 있었다. 장준하는 2절까지 똑똑히 알고 있었다. 준엽은 그런 장준하한테서 깊은 인상을 받았다.

나라가 망하고 10여 년 후에 태어난 그들은 한 번도 우리 교육, 민족 교육을 받아보지 못했다. 남의 땅 낯선 강변에서 부른 애국가. 지아왕 탄광에서 쉬저우徐州로 돌아오는 길에 나는 다시 부라오허 강변에 잠시 들렀다. 그리고 준엽 일행이 목메어 불렀던 애국가를 그 곡조에 맞춰 낮게 읊조려 보았다.

평원 위로 해가 저물 무렵이었다.

가물치 콧구멍

이른 아침부터 쉬저우徐州를 출발하여 다슈자大許家역, 부라오허不老河강, 지아왕賈汪 탄광, 수양宿羊 등지를 찾아다닌 여정으로 운전기사의 입은 굳게 다물어진 지 오래다.

400km 운행을 기준으로 하루 요금을 지급하기로 했는데 대충 짐작으로도 400km는 넘고도 남았다. 점심 먹을 때는 괜찮았던 분위기가 냉랭해졌다. 쉬저우로 돌아오는 길에 다시 부라오허강에 들리자고 하자, 운전기사의 핸들링은 눈에 띄게 거칠어졌다. 수다도 멈추고 앞만 응시하고 있었다.

“얘, 왜 이래?”

눈치 빠른 녀석은 내 질문의 진의를 금방 알아차렸다.

“팁 좀 주시겠쎄요?”

녀석이 바로 핵심을 건드린다. 이럴 때는 덩달아 쿨해져야 한다.

“50위안 더 준다고 해!”

“30위안만 줘도 돼요.”

“괜찮아, 대신 내일 아침에 쉬저우역까지 태워줄 수 있냐 물어 봐!”

녀석이 몇 마디 건네자 기사님의 얼굴이 순식간에 환해졌다.

‘하오하오’ 뒤돌아보며 ‘엄지척’까지 해준다.

“대신 내일 어디 한군데 들렀다 역으로 갈 거야!”

“네?”

“왜? 안 돼?”

“돼요. 어차피 얘, 내일 일도 없어요.”

녀석은 자기보다 나이가 한 살 많은 한족 기사더러 ‘얘’라고 하고 있었다.

“확인해, 지금 약속 받아 놔.”

“네….”

확인, 약속…. 중국 친구들한테 이런 거 받아봤자 별 의미 없다는 건 경험상으로 알고 있지만 그래도 혹시나 하는 마음이었다. 한껏 기분이 좋아진 기사가 다시 그의 장기를 발휘하기 시작했다. 높은 데시벨로 떠들기 시작한 것이다.

저 멀리 평원 위로 해가 뉘엿뉘엿 지고 있었다. 대륙의 해넘이는 길었다. 지평선까지 내려가는데 한참이나 걸렸다. 산 위의 해가 '꼴깍' 하고 넘어가던 어릴 적 해넘이와는 그야말로 차원이 달랐다. 동쪽 하늘에는 추석을 이틀 앞둔 열사흗날 달이 둥글게 떠 있었다.

김준엽, 장준하, 윤경빈, 홍석훈, 김경록…. 시퍼렇게 젊었던 탈출 학도병들도 저 달을 수도 없이 봤을 것이다. 신파조로 말하자면 저 달에 어머니 얼굴, 가족 얼굴, 고향 모습, 헤아릴 수 없는 장면들이 떠올랐겠지…. 한국을 떠나온 지 이틀 만에 나는 향수에 젖어들고 있었다.

유료 도로 요금소에서 기사는 또 '아무 이름 들이대기' 작전을 펼쳤으나 이번에도 실패였다. '아는 동네 형님이나 누님'이 그렇게도 없나 보다. 쉬저우 시내로 들어서면서 기사에게 '좋은 식당'을 소개해 달라고 했다. 괜찮으면 함께 저녁 먹자고 했으나 기사는 태워만 주겠단다. 여자 친구와 데이트가 있다나 어쨌다나? 작전 실패다. 숙소까지 돌아오는 택시비를 아낄 수도 있었는데….

기사가 '아는 형님' 집으로 데려다주었다. 어떤 음식점인지는 운명이나 기사의 선택에 맡길 수밖에 없었다. 중국 여행에서 빼놓을 수 없는 것이 먹는 즐거움이다. 대신 조건이 있다. 아무거나 잘 먹어야 한다는 것. 또 하나의 조건이 있다. 그들이 '샹차이'라 부르는 고수는 반드시 빼달라고 미리 얘기해야 한다는 것. 어떤 이들은 향도 좋고 건강에도 좋다고 하지만 나에게 고수는 그냥 화공 약품이었다.

음식점으로 들어서자 비릿한 냄새가 훅 풍겨온다. 민물고기 요릿집이었다. 내가 인상을 쓰자 녀석이 조심스레 물었다.

"딴 데 가세요?"

"됐어, 넌?"

"난 일 없쎄요."

조선족 민족향 출신이라는 녀석은 민물고기도 잘 먹는다고 자신했다. 민물고기는 나의 전공이었다. 고향 마을 한가운데로 흐르는 강은 나의 놀이터였다. 중학교 때인가? 여름 방학이 끝나고 채변 검사가 있었다. 얼마 지나지 않아 모 대학병원에서 현지 조사를 나왔다. 도대체 어떤 환경이기에 어린 중학생들의 디스토마 보균율이 이렇게 높냐? 학계가 놀랐다고 나중에 커서야 들은 이야기였다.

수족관 앞에서 요리 재료를 골랐다. 늦은 시각이라 선택의 폭이 넓지 않았다. 낯선 민물고기들도 적지 않았다. 이럴 때는 허세를 부려야 한다.

"제일 큰 놈으로 달라고 해!"

주문을 해 놓고 녀석과 내일 일정을 점검했다. 일단 아침에 츠카다 부대를 찾아갈 것이다. 나는 녀석에게 츠카다 부대 사진과 주소를 보여주었다.

"아, 있쎄요."

검색을 한 녀석이 반색을 했다.

"방향이 어디야? 쉬저우역 가는 길이야?"

"아녜요 좀 멀어요. 쉬저우 역은 이쪽, 거기는 저쪽이에요."

"그래? 그럼 아까 기사한테 팁 50위안 준 거 손해 아니지?"

"아녜요! 어차피 걔 내일 일 없쎄요."

아까 들은 말씀이다, 요 녀석아!

주문한 음식이 나왔다. 둘이 먹기에는 넘치고도 남을 정도로 큰 물고기요리였다. 별다른 비법이 있는 요리 같지는 않았다. 통째로 튀겨서 소스를 주욱 뿌려놓은 요리였다.

"이 고기 뭐야?"

"그냥 먹으쎄요."

녀석도 모르는 눈치다.

"물어봐. 주인은 내가 부를게. 헤이 라오반!"

다가온 주인과 녀석 사이에 한참 동안 대화가 오갔다. 중국어와 한국어가 다른 물고기. 그러는 도중 한 점 먹어봤다. 소스를 다 걷어내고 살만 떼서 시식한 것이다. 식감이 좋다. 내가 먹어본 물고기는 아닌 것 같다.

"알았쎄요."

주인을 돌려보내고 핸드폰을 한참 들여다보던 녀석이 화면을 통째로 보여주었다. 화면 속의 선명한 물고기 사진, 가물치였다.

우리 동네에서는 주로 산모들이 보양식으로 먹던 물고기, 민물고기의 제왕. 어릴 적 늪에 살던 녀석을 잡아 보겠노라고 살아있는 개구리를 미끼로 수도 없이 낚싯대를 던져 봤지만 콧구멍 한번 보지 못했던 바로 그 녀석이었다.

'가물치 콧구멍'이라는 속담이 있다. 아가미 호흡을 하는 물고기에 코가 왜 필요할까 싶지만 가물치는 코를 갖고 있다. 있긴 있는데 워낙 작아서 있는지 없는지조차 분간이 어려울 정도다. 그래서 무슨 일을 시켰는데 통 소식이 없을 때 '가물치 콧구멍'이라는 말을 쓰기도 하고 속이 아주 좁은 사람을 일러 '가물치 콧구멍'이라고도 한다.

그나저나 가물치 콧구멍 찾기 같은 이 답사는 앞으로 어떻게 될까?

"바이주白酒 한 병 시켜봐."

"작은 거로 하세요."

"그래!"

"어떤 종류로요?"

"이 동네 술!"

뜨끈한 가물치 국물과 바이주 한 잔에 대륙의 밤은 푸근해 지고 있었다.

츠카다 부대 앞에서

쉬저우徐州에서 둘째 날을 맞았다. 그저께 오후 두 시에 인천을 출발, 지난濟南을 거쳐 쉬저우에서 겨우 이틀을 잔 셈이다. 그런데도 '조국'을 떠나온 지 한참이나 지난 듯하다.

추석 전날 일요일의 이른 아침, 호텔 앞에서 아무리 기다려도 어제의 기사는 나타나지 않는다. 팁 50위안이 그냥 날아갔다. 예상하지 못한 바는 아니었다. 저녁밥 함께 안 먹겠다고 할 때 알아봤다마는…. 괘씸했다. 중국어 욕이나 한마디 배워 놓을 걸 그랬나?

풀이 죽은 녀석과 함께 택시를 잡아타고 쉬저우 시내로 향한다. 목적지는 츠카다 부대의 자리. 김준엽, 장준하 등 1,500여 명의 한국인 학도병들이 평양을 떠나 도착한 사단 본부를 찾기로 했다. 자료를 찾아보니 당시의 일본군 츠카다 부대의 터는 중국의 군사 시설로 변해 있었다. 이름하여 '중국인민해방군공정병지휘학원' 짐작건대 공병을 육성하는 훈련소인 듯했다. 나는 그런 중국군 군사 시설 안으로 들어가 볼 생각은 아예 하지도 않았다.

"안에 들어가서 구경 좀 합시다."

"누군데 우리 시설을 구경하자는 거요?"

"이유는 이 친구한테 물어보쇼!"

그때 녀석이 쓰윽 나서서 자신 있게 말한다.

"이 분은 한국에서 아주 유명한 작가님이래요."

* 일본군 사단 본부가 있었던 곳에 들어선 중국 군사시설. 쉬저우에 도착한 김준엽이 처음 끌려간 곳이다.

"아 그렇습니까? 영광입니다. 어서 들어가시죠!"

이런 상상은 그야말로 개꿈이었다. 멀찍이서 택시를 세웠다. 그리고는 일단 길 건너편에서 행인으로 가장해 왔다 갔다 하며 츠카다 부대 옛터, 그러니까 중국군 공병학원을 건너다보았다. 빳빳한 군복의 경비병들이 정문을 지키고 있었고 정문 안으로는 쭉 뻗은 길이 나 있었다. 규모로 봐서는 당시에도 사단 본부로 손색이 없을 듯했다. 그런데 자세히 보니 자료 사진에서 봤던 것과는 정문의 구조물이 좀 달라 보였다. 새겨진 글자도 달랐다.

'중국인민해방군육군공정대학훈련기지'라고 돼 있었다. 몇 해 사이에 '공정병 학원'에서 '대학'으로 바뀌었나 보다.

사진이나 찍자. 길 건너편에서 후다닥 사진 몇 장을 눌렀다. 구도나 색상 이런 건 생각할 겨를도 없었다. 그리고는 도망치듯이 츠카다 부대 앞을 떠나왔다.

다시 택시를 타고 돌아오면서 보니까 '공정대학' 가까운 곳에 또 다른 군사 건물이 보였다. 택시를 세웠다. 내려서 길 건너에서 바라보니 그곳은 더 무서운 곳이었다. 총을 든 군인들이 정문을 지키고 있었고 정문 한가운데는 탱크가 포신을 세우고 서 있었다.

"여긴 뭐 하는 곳이래?"

녀석이 택시 기사한테 물어보는데 대답이 시원찮은 모양이다.

"실습장이래요."

"무슨 실습?"

"그건 잘 모르겠대요."

몇 번을 더 다그친 끝에 이곳은 중국 인민군 공정대학생들이 훈련하고 실습하는 곳이라는 대답을 얻어냈다. 짐작건대 츠카다 부대터의 공정대학생들이 이곳에서 군사훈련도 받고 실습도 하는 듯했다.

그런데 중국인 기사는 왜 그 대답을 꺼릴까? 군사 시설을 꼬치꼬치 캐묻는 외국인, 혹시 나를 수상하게 생각하는 것은 아닐까? 생각이 여기에 미치자 '아차' 싶었다.

중국인들의 신고 정신은 의외로 투철하다. 특히 핸드폰이 보편화된 이후로는 더했다. 아무리 시골이라도 방송용 큰 카메라로 촬영을 하고 있으면 얼마 지나지 않아 어김없이 공안이 나타나곤 했다.

"차 세워!"

"왜요?"

"일단 세워!"

영문도 모르는 녀석은 택시를 세웠고, 나는 거스름돈도 받지 않은 채 택시에서 내렸다. 그리고는 택시를 바꿔 타고 쉬저우서徐州西역으로 향했다.

젊은 준엽이 목숨을 걸고 탈출하리라 다짐하면서 집결했던 츠카다 부대. 나는 그 앞에서 중국인의 신고와 공안의 검문 따위가 두려워, 아니 귀찮아서 택시까지 갈아타면서 도망치듯 떠나왔다. 꼭 무서워서만은 아니었다. 쉬저우서역에서 타야 할 열차 시각이 빠듯했다. 나는 그렇게 위안하며 쉬저우를 떠났다.

중국군 유격대를 떠나다

준엽이 장준하 일행과 만난 지 일주일이 지났다. 장준하 등은 유격대 사령관에게 일본군의 동향을 들려주었고 준엽이 통역을 맡기도 했다. 당시 유격대는 나름 조직적이고 지역 장악력도 일본군을 앞서고 있었다. 밤이면 쉬저우 시내까지 들어가서 세

금을 징수하는 등 활동력도 꽤 뛰어났다.

일본군은 겨우 철도와 도로 주변, 이른바 선만 점령하고 있을 뿐이었다. 장준하는 일본군이 놀라울 만큼 한심한 것을 이제야 알았다고 했다.

그러던 어느 날, 한밤중에 갑자기 총소리와 수류탄 터지는 소리가 빗발치듯 들려왔다.

멀리서 들리는 것이 아니라 가까이서 들렸다. 준엽의 중국군 유격대가 기습을 받은 것이었다. 장준하 등과 손영 참모도 같은 방에 잠들어 있을 때였다.

"일본군의 기습이다."

일행은 재빨리 몸부터 피했다. 그 와중에도 준엽과 장준하는 자신들과 동지들의 물품을 챙겼다. 혹시라도 자신들의 흔적을 남겨서는 안 된다는 생각에서였다. 사방을 분간하기 어려운 칠흑 같은 밤, 곳곳에서 총성이 울리고 수류탄이 터졌다. 준엽 일행은 간신히 강변으로 몸을 피했다. 손 참모도 함께였다. 다행히 인근 지리를 잘 아는 손 참모 덕분으로 일행은 부라오허不老河 강변의 갈대밭을 따라 피했다.

강물에 몸을 담그고 한참을 이동하니 다리가 보였다. 손 참모는 다리를 건너자고 했다. 준엽과 장준하를 제외한 다른 동지들은 맨발이었다. 그때 준엽과 장준하는 그들이 챙겨온 동지들의 신발이 생각났다. 짐 보따리 속에서 신발을 꺼내 동지들에게 신겼다.

천신만고 끝에 기습을 피한 준엽 일행은 더 놀라운 사실과 마주쳐야 했다. 어젯밤 유격대를 기습한 것은 일본군이 아니라 팔로군이었던 것이다. 즉, 중국 공산군이었던 것이다. 준엽과 동지들은 실망했다. 아무리 이념과 권력이 중요해도 일본 제국주의라는 공동의 적을 앞에 두고 자기들끼리 총질을 하는 중국의 현실에 절망했다. 이미 중국은 오래전부터 이른바 국·공 합작으로 함께 일본에 대항하기로 한 상황이었다.

팔로군의 기습은 성공적이었다. 그만큼 중국군 유격대의 타격은 컸다. 더 치명적인 것은 한즈룽 사령관의 전사였다. 이제 준엽이 속한 중국군 유격대는 지휘관이 없는 부대가 되었다. 유 참모장이 사령관 대행을 맡았지만, 유격대의 앞날은 어찌될지 아무도 몰랐다.

당시 중국군 유격대는 각자 맡은 지역이 있었다. 유격대의 경우, 관할 지역을 상실하거나 군대가 무너지면 사령관 이하 모든 장교와 병력이 이른바 실직 상태에 빠지게 된다. 다른 지역의 유격대로 편입될 수도 있지만, 그동안의 모든 계급이나 직책을 다 내려놓아야 했다. 일본군 포로가 되면 처지는 더 비참해졌다.

사령관을 잃은 중국군 유격대는 몇 날 며칠 동안 은거지에서 파티를 벌였다. 기름진 음식과 무제한의 음주. 준엽과 동지들도 꼼짝없이 그들이 벌이는 최후의 만찬을 함께 할 수밖에 없었다.

준엽은 더 이상 견딜 수 없었다. 유 사령관 대행을 만난 준엽은 어렵사리 입을 뗐다.

“사령관님, 저희들을 충칭으로 보내 주십시오.”

“여기서 충칭까지는 6천 리네.”

“전에도 말씀드렸듯이 우리 정부를 찾아가서 독립운동을 하겠다는 저희들의 뜻에는 변함이 없습니다.”

유 대행도 준엽과 동지들의 뜻을 이미 알고 있었다. 처음 탈출해 왔을 때부터 이들은 임시정부행을 주장했다. 유 대행도 선선히 허락했다.

1944년 7월 27일, 준엽과 장준하, 윤경빈, 홍석훈, 김경록 등 한국인 탈출 학도병 5명과 유 사령관 대행이 마지막 저녁 식사를 했다. 손영 참모도 함께한 자리였다. 4개월 이상 이들과 동고동락을 한 준엽과 장준하 등은 착잡하기도 했다. 유 사령관 대행은 어버이 같은 마음으로 진심으로 이들의 앞날을 걱정해 주었다고 나중에 장준하는 술회했다.

다음 날인 1944년 7월 28일 해 질 무렵, 준엽 일행은 유 대행, 손영 참모 등 극소수 지휘부와 악수를 나눈 채 중국군 유격대 진영을 떠났다. 준엽 일행의 안내는 황 선생이라는 인물이 맡았다. 유 대행은 준엽 일행을 자신들의 관할 구역까지 안내하고 다음 유격대에게 안내를 인계하도록 조치를 취했다. 그리고 준엽 일행의 신분을 확인

하고 안전을 당부하는 문서까지 만들어 주었다.

쉬저우에서 충칭까지, 이제 준엽 일행 앞에는 2,400km, 6천 리 길이 남아 있었다. 대장정의 시작이었다.

쉬저우徐州역에서

츠카다 사령부 자리를 휘익 둘러 본 나는 곧바로 쉬저우역으로 향했다. 쉬저우역 광장에서 가장 먼저 만난 것은 광장을 가득 메운 오토바이들이었다. 열차 이용객들이 타고 온 것으로 보이는 오토바이들이 끝도 없이 늘어서 있었다.

쉬저우 역사는 당연히 현대화된 건물이었다. 중국의 여느 역과 다름없는 색깔과 형태를 갖추고 있었다. 색에 대한 지식이 없어 역사 건물을 어떻게 표현해야 할지 모르겠지만, 노란색도 아니고 누런색도 아닌 중국 어디서나 볼 수 있는 그런 색상이었다. 그리고 중국 어디서나 볼 수 있는 그런 건축 양식의 역사 건물이었다.

고속철도를 타고 와 내렸던 쉬저우동東역과는 확실히 다른 느낌이었다. 아니, 다른 느낌을 받아야겠다는 의무감 같은 것이 밀려왔다는 것이 솔직한 표현일 것이다. 75년 전 학도병 준엽이 평양역에서 군용열차를 탄 지 사흘 만에 내린 곳은 얼마나 막막했을까? 식민지 청년으로 태어난 원죄 탓에 머나먼 땅으로 남의 전쟁에 끌려 온 준엽에게 주어진 길은 두 가지뿐이었다. 탈출이냐 죽음이냐? 그러나 '탈출'과 '죽음'만을 생각하기에 당시 준엽의 나이는 너무 젊었다. 고작 스물둘이었다.

"우리 뭐 타고 가?"

"기차 타요."

"그러니까 무슨 기차냐고?"

"있쎄요."

"까오티에高速鐵道:고속철도?"

"녹색綠色 있쎄요."

이미 고속철도가 일반화되다시피 한 중국이었다. 나는 오랜만에 일반 열차를 탄다는 생각에 약간 들떴다. 중국에서는 일반 열차를 녹색 열차라고 했다. 하얀색의 고속철도 차량과 달리 녹색의 몸체에 노란 띠가 칠해진 열차였다.

오래전, 이 녹색 열차를 자주 탄 적이 있었다. 중국의 동북 3성에 거주하는 위안부 할머니들을 취재할 때였다. 대충 짐작으로도 육로 3,000km는 다녔을 무렵, 당시 중국 열차는 문화적 충격이었다.

창춘長春:장춘에서 옌지延吉:연길까지 처음 야간열차를 탔을 때였다. 4인실 침대칸을 선택했는데 약간 비싸긴 하지만 흔들림이 덜하다는 하단 침대를 샀다. 객실로 들어가니까 맞은편에는 이미 웃통을 벗고 바이주에 약간 취한 거구의 중년 사내가 침대에 비스듬히 기대어

앉아 있었다.

나를 쳐다보는 눈매가 예사롭지 않았다. 사내의 엄청난 배 둘레와 풍겨오는 술 냄새…. 간단한 중국어 인사도 못하던 나는 목례만 까딱하고는 배낭을 베개 삼아 침대에 기댔다. 초겨울인데도 객실의 난방은 훌륭했다. 그래서 그 사내는 이미 웃통을 '까고' 있었을 것이다. 2층 침대 위에는 아주머니 두 분이 이미 자리를 잡고 있었다.

"야, 니가 이리 오라우!"

"난 그 짝이 싫어야."

"니도 잘 알잖네, 내레 거꾸로 가면 대가리 아파야!"

"내는 안 아픈 줄 아네?"

당시 표현으로 '조선족'이었다. 나는 조선말을 들으며 약간 안심했다. 빨간 내복을 입은 두 아주머니가 내 머리 위를 오가며 자리를 바꿨다. 그 후로도 아주머니들은 몇 차례나 더 내 머리 위를 날아다니며 자리를 바꿨다. 외간 남자들과 함께 탄 침대칸에서 내복 차림으로 왔다 갔다 하는 북방의 조선족 아낙들의 대범함에 감탄했던 적이 있었다.

"어디서 왔간?"

열차가 막 출발하기 시작하자 맞은편 거구의 사내가 툭 던졌다. 그것이 함경도 사투리인지 평안도 사투리인지 짐작도 하지 못했다. 얼떨결에 대답했다.

"하, 한국 서울서 왔습니다."

"한 잔 하간네?"

사내는 30대 중반이던 나를 애 취급하고 있었다. 그 후로 몇 시간 동안 사내의 바이주가 오갔고 술이 떨어지자, 식당 칸으로 달려가 '삐쥬' 몇 병을 사다가 접대 아닌 접대를 했던 적 있다. 나중에는 식당 칸 복무원이 먼저 웃어줄 정도로 몇 차례나 왔다 갔다 했다.

아침에 옌지역에 내릴 때 '태상 형님'이 내가 건넨 메모지에 전화번호를 적어 주며 말씀하셨다.

"뭔 일 있으면 째깍 통신하라우!"

그 흔한 기적 소리도 없이 열차는 출발하고 있었다. 오전 9시, 내가 탄 녹색 열차는 쉬저우역을 떠나고 있었다. 나는 녀석에게 쉬저우역의 옛 사진이 있는지 검색해보라고 했다.

"여기 있쎄요."

쉬저우역의 옛 플랫폼 사진이었다. 총을 든 군인이 '쉬저우'라는 간판 앞에 서 있는 오래된 흑백사진이었다. 사진 속의 군인이 일본군인지 중공군인지는 구분되지 않았지만, 그 플랫폼을 본 것만으로도 만족했다. 어쩌면 준엽이 처음 내디뎠을 그때 그 장소인지도 모른다고 생각하며 위안을 삼았다.

쉬저우 시내를 벗어나자 창밖에는 지루한 풍광이 펼쳐지기 시작했다. 넓은 평원, 끝없는 옥수수밭과 표고 차이가 1m도 되지 않을 것 같은 대륙이 펼쳐지고 있었다. 내가 가진 열차표에는 '신형 에어컨 작동'이라는 문구가 있었다.

알맞게 시원한 객차 안, 곳곳에 재떨이까지 비치된 쾌적한 녹색 열차 안에서 바라보는 바깥 풍경은 아름답고도 이국적이었다.

열차를 타고 고작 몇 시간이면 가는 길, 그러나 당시 준엽 일행에게는 너무나 가혹한 길이었다.

/ 2부 /

대장정

/ 2부 /

대장정

평원에서

준엽과 일행들이 '괴멸'에 가깝게 무너진 중국군 유격대를 떠난 것은 한여름인 1944년 7월 27일이었다. 유 사령관 대행은 황 선생이라는 인물을 안내자로 지정해 주었다. 장준하는 그가 수수한 농부처럼 보였지만 총명하고 유식했으며 믿음이 가는 인물이라고 했다. 준엽의 기억에 따르면 황 선생은 미술을 전공한 사람이었다. 준엽이 선전 '삐라'를 만들 때 삽화를 그려주기도 한 사이여서 서로의 친분이 돈독했다.

안내인 황 씨는 유 사령관 대행이 발행한 공함을 지니고 있었다. 내용은 준엽 일행에 관한 것으로 다른 유격대에게 전달하는 일종의 공문서였다.

준엽 일행의 첫 번째 목적지는 린취안臨泉:임천, 안후이성安徽省:안휘성 서북쪽에 있는 작은 도시였다. 준엽 일행은 황 선생을 따라 서쪽으로 서쪽으로 걸어갔다. 쉬저우徐州:서주를 떠난 지 사흘 만에 준엽 일행은 첫 번째 난관에 부딪혔다. 철길이 그들을 가로막고 있었다.

당시 일본의 철도 경비는 아주 삼엄했다. 드넓은 중국 땅을 모두 장악하지 못한 일본은 주요 도로와 철도 그리고 대도시를 잇는 곳만 자신들의 세력 아래에 두고 있었다. 도시라는 점點들이 철도와 도로라는 선으로만 이어져 있었다.

따라서 철도 보호는 일제의 절체절명의 과제였다. 철도와 도로는 생명줄인 보급선이기 때문이었다. 일제는 철로를 따라 철조망을 조성하고 촘촘하게 경비 초소를 설치해 두고 있었으며, 건널목마다 검문소를 운용하고 있었다.

준엽 일행 앞에 놓인 철도는 진포선이었다. 톈진天津:천진에서 난징南京:남경까지 중국 대륙을 길게 세로로 잇는 철도였다. 진포선을 앞두고 황 선생은 준엽과 4명의 동지를 어느 농가에 머물도록 했다. 바깥은 얼씬도 못하게 했다.

"사흘 뒤면 철길 너머에 장이 열리오. 그때 많은 장꾼과 함께 검문소를 통과하도록 합시다.”

그러나 사흘 동안 일행은 나름 바쁜 시간을 보냈다. 황 선생이 구해 온 중국 농민 복장으로 갈아입고 중국인 행세를 위한 연습을 해야 했다. 장준하는 '뺀대메기' 연습에 몰두했다. 뺀대란 기다란 작대기 양 끝에 바구니가 달려 있는 중국 고유의 물품 운반 수단이었다. 한쪽 어깨로만 메어야 했기에 중심을 잡기가 쉽지 않았다. 장준하는 남들이 눈치채지 못하게 밤마다 홀로 뺀대메기 연습을 했고 준엽은 이를 몰래 훔쳐보곤 했다.

장날 전날 밤, 준엽과 일행은 기찻길 옆 가까이에 있는 농가로 옮겼다. 그 농가도 유격대들의 연락 장소였을 것으로 장준하는 짐작했다. 긴장으로 한숨도 자지 못하고 날이 샜다.

마침내 장날이 되었다. 황 선생은 어디선가 진짜 중국인 세 사람을 데려왔다. 황 선생을 포함한 준엽 일행 6명은 3개 조로 나누었다. 각조마다 진짜 중국 장꾼 한 명이 인솔하기로 했다.

“성공할 것이오!”

긴장하는 일행을 향해 황 선생이 말했다.

오전 10시경, 장꾼들이 가장 많이 몰리는 시각에 검문소를 통과하기로 했다. 준엽은 맨 마지막으로 건너기로 했다. 윤경빈은 똥 망태를 멨고 홍석훈은 자루를 메고 맨 먼저 나섰다. 일본군 검문소가 내려다보이는 언덕에서 준엽과 나머지 동지들은 앞선 동지들이 중국인 장꾼들에 섞여 무사히 검문소를 통과하는 것을 지켜봤다. 자신도 무사히 검문소를 통과할 수 있었다. 일본군은 준엽을 멀뚱히 바라만 볼 뿐이었다. 위장은 완벽했다. 검문소를 통과하여 약속된 느티나무 밑에 다시 모인 그들은 기진맥진해 있었다. 그만큼 긴장 속에 진포선 철로를 넘었다.

무사히 진포선 검문소를 통과한 준엽 일행은 장 구경을 하고 간단히 아침을 먹었다. 준엽 일행과 동행했던 진짜 중국인들은 별 인사도 없이 사라졌다. 그들 역시 중국 유격대원이었다. 묵묵히 자신들에게 주어진 임무를 수행하고 별다른 자랑이나 생색도 내지 않고 사라진 그들에게 준엽과 일행은 깊은 인상을 받았다. 준엽은 중국 민중들의 애국심을 목격한 것 같다고 했다.

진포선을 넘은 다음 닷새를 더 걸었다. 이글거리는 태양 아래 개미처럼 걷고 밤이면 나무 그늘이나 농가의 헛간에서 밀짚을 깔고 잤다. 엿새째 오후, 황 선생은 준엽 일행을 다른 유격대에 인계했다. 황 선생과도 이별이었다.

"부디 충칭까지 무사히 가셔서 한국의 독립은 위해 분투하시오."

황 선생은 몇 번이나 당부하고는 돌아섰다. 준엽과 일행은 40대의 나이에 접어든 그의 뒷모습을 보면서 가슴이 아팠다. 과연 무사히 돌아갈 수 있을까? 돌아가더라도 자신과 황 선생이 몸담았던 유격대는 건재하고 있을까? 소속 부대를 잃어버린 황 선생의 앞날은 어떨까? 준엽은 그렇게 아프고 복잡한 심경을 안은 채 넉 달이나 함께 생활했던 그와 헤어졌다.

다음으로 만난 유격대 사령관은 한심하기 짝이 없는 인물이었다. 그는 속옷 차림으로 어린 계집을 끼고서 준엽 일행을 맞이했다. 열여섯짜리 그 여자아이는 사령관의 다섯 번째 첩이라고 했다. 혈기 넘치는 정의로운 준엽과 일행은 도무지 이해할 수 없었다.

부대원들도 마찬가지였다. 남루한 옷차림의 준엽과 일행을 마치 일본군 포로를 보듯 깔보았다고 장준하는 술회했다.

이 부대에서 차출된 호위병들의 수준도 마찬가지였다. 엄청난 숫자의 첩을 거느린 유격대 사령관은 무려 10명의 무장 병력을 준엽 일행의 호위병으로 내주었다.

이 지역은 친일 괴뢰군인 이른바 왕징웨이군과 경계선에 있는 지역인지라 긴장감이 훨씬 높았다. 낮에는 숨고 밤에는 걷는 여정이 이어졌다. 밤길이 더 나았다. 뜨거운 태양을 피할 수 있었기 때문이었다.

유격대 호송병들은 준엽 일행을 괴롭혔다. 그들한테는 귀찮은 임무를 떠 맡긴 장본인들이기 때문이었다. 준엽은 그들의 무식함에도 놀랐다고 기록하고 있다. 한반도의 위치가 만주 북쪽으로 알고 있는 건 그러려니 할 수 있었다.

"정말로 일본인은 눈이 한 개인가?"

호송대 장교가 이런 질문을 했을 때 준엽은 정말로 어이가 없었다. 명색이 일본군과 싸우겠다는 유격대의 장교 인식 수준이 이 정도였던 것이다.

중국인 마을에 들릴 때면 온 동네 사람들이 몰려나와 준엽 일행을 구경했다. 중국 촌민들은 준엽 일행을 일본인으로 알고 있었다. 일본인 구경한다며 온 동네 사람들이 너나 할 것 없이 몰려나왔다. 이럴 때면 호송대는 준엽 일행을 일본인 취급하며 촌민들 앞에서 까닭없이 우쭐대면서 뻐기곤 했다. 준엽 일행은 꼼짝없이 그들의 횡포를 당할 수밖에 없었다.

국부군國府軍의 정체

그렇다면 장제스蔣介石:장개석의 국부군은 왜 이렇게 형편없는 군대가 됐을까? 준엽은 자신의 자서전에서 당시 국부군의 상황과 그 내력을 자세히 묘사해 두고 있다. 이 문제는 나중에 김준엽이 학자가 되었을 때 논문과 저서로 다루기도 했다.

준엽의 진단에 의하면 원인은 부패와 구조적 모순 때문이었다. 사실 부패와 구조 문제는 한 몸처럼 붙어 있다. 구조적인 문제가 부패를 부르고 부패가 구조적 문제를 일으킨다.

1928년, 장제스는 이른바 북벌의 성공으로 중국을 통일했다. 일본 육군사관학교 출신인 그는 1911년 신해혁명이 일어나자 귀국하여 청나라를 타도하고 새로운 중국 건설에 나섰다. 1918년 쑨원孫文:손문의 휘하에 들어가 군사 관련 업무를 맡아 두각을 드러냈으며, 1924년 황푸군관학교를 설립하여 교장직을 맡기도 했다.

이후 국민당 권력을 장악한 장제스는 1927년 상하이에서 공산당을 제거했으며, 1928년 베이징을 점령하면서 이른바 북벌에 성공했다. 이를 기회로 국가주석으로 취임하며 중국을 통일했다. 그러나 그 통일은 불안정한 것이었다. 여전히 군벌과 공산당 문제가 남아 있었다.

이에 장제스는 최대한 일본과의 확전을 피하면서 군사력 증강에 온 힘을 쏟았다. 군관학교, 육군대학, 군관훈련단 등을 설립해서 고급 장교 양성에도 주력했다. 이런 군사학교에 한국인들도 받아들였다.

어쨌든 이런 노력 덕분으로 중·일 전쟁 직전인 1930년대 중반에 육군 182개 사단 170만 명, 공군 비행사 3,000여 명으로 만만찮은 군사력을 갖추게 되었다.

그러나 현대화된 일본군의 상대가 되지 못했다. 1937년 중·일 전쟁 발발 직후 장제스는 군 병력의 3분의 2 가까이를 상실하고 말았다. 2만 5천여 장교 중에서 개전 초기에 1만여 명이 전사했다. 이러다 보니 속성으로 장교를 양성해야 했고 속성으로 양산된 이들의 수준이 떨어지는 것은 너무나 당연했다.

장교뿐만 아니라 사병들도 문제였다. 잘못 운용된 징병제 탓에 좋은 자원을 확보하기가 쉽지 않았다. 당시 장제스 국부의 징병법은 18세부터 45세까지 모든 남자에게 병역 의무를 부과한 것이었다. 징병 업무는 지방 정부가 담당했는데 인구가 너무 많다 보니 징병 대상자를 제비뽑기로 했다. 돈 있고 힘 있는 집안 자식들은 모두 이 징병을 피했다. 대학을 가거나 돈으로 사람을 사서 대신 입대시켰다. 1940년대에 접어들자 징병 대상자를 모집하기가 점점 어려워졌다. 돈으로 빠지고, 도망쳐서 빠지고, 자해를 해서 빠지고….

그러자 접병대接兵隊가 등장했다. 강제 모병대였다. 이들은 주로 농촌 지역이나 빈민가를 찾아가 젊은이들을 납치하여 강제로 입대시켰다. 이를 납병拉兵이라 했다. 이렇게 형성된 군대가 정상이길 바란다면 그게 비정상일 것이다.

여기에 장교들의 부패까지 한 몫 단단히 했다. 보급이 제대로 될리가 없었다. 중앙군들은 하루 24온스(약 680g)의 쌀과 매월 1파운드(약 460g)의 돼지고기를 살 수 있는 비용이 지급됐으나 이것이 제대로 실행될 리가 없었다. 군사들은 몇 달간 채소죽만 먹고 견디기 일쑤였다.

준엽 일행이 만난 호송대 중 대부분이 납치된 젊은이들로 헐벗고 굶주리는 군사였다. 그러니 일본군을 눈이 하나밖에 없는 괴물 정도로 알고 있어도 전혀 이상하지 않았다.

하긴 6.25 전쟁 때 한반도에 참전한 유엔군 중에도 북한군은 눈이 작아서 옆을 볼 수 없기 때문에 무조건 이길 수 있다고 믿었다고 했다. 지어낸 이야기가 아니라 미국의 저명한 전쟁 전문가의 인터뷰 내용이다.

어쨌든 탈출 학도병 5명인 장준하, 윤경빈, 홍석훈, 김경록 그리고 김준엽은 이런 형편없는 수준을 가진 호송대의 호송을 받으며 서쪽으로 서쪽으로 이동했다.

녹색綠色 열차 안에서

쉬저우徐州를 출발하여, 안후이성安徽省 푸양시阜陽市를 향해 가는 녹색 열차綠色列車는 표현이 좀 이상한지 모르지만, 몹시 단조로웠다. 지루한 것이 아니라 단조로웠다고밖에 표현할 길이 없다. '신형 에어컨이 장착된 폭신한 의자'라고 기차표에 나와 있듯이 실내는 쾌적했다.

객차와 객차 사이에서 아련히 밀려오는 중국인들의 담배 냄새도 내 코끝에는 향긋했다.

얼마 지나지 않아 나는 좌석에서 일어났다. 녀석은 자리에 앉자마자 곯아 떨어졌다. 체력이 달리나 보다. 이제 겨우 사흘짼데….

일반 보통 열차의 맨 뒤칸까지 가보고 싶었다. 젊은 시절 야간열차를 탈 때면 굳이 입석 표를 구해 열차 맨 뒤칸으로 달려가곤 했다.

신문지 한 장 깔고 기대앉아서 바라보던 여름밤의 기찻길 풍광을 나는 지금도 잊지 못한다.

결별을 앞둔 설익은 연인들의 다짐처럼 결코 다시 만나지 않을 듯 평행선으로 뻗어 있던 철로, 달이라도 밝은 밤이면 멀어지는 철로 위에 달빛이 반사되며 좇아오던 풍광, 강가를 달릴 때면 밀려오던 밤 안개….

비록 낮이지만 그 모습을 대륙에서 볼 수 있을까 했던 기대는 복무원의 친절하고도 단호한 거부로 좌절되고 말았다. 손짓 발짓에 이어 아직은 어설픈 통역 앱까지 동원해서 맨 뒤칸으로 가보고 싶다고 했지만 복무원 동무는 수다스럽게 대답했다.

"메이팡바(방법이 없어), 어쩌고저쩌고."

맨 뒤칸을 포기하고 열차와 열차 사이의 공간에 기대섰다. 단조롭다고 표현한 것은 바깥 풍경 때문이었다. 옥수수밭 10여 분, 작은 물줄기 하나, 또 옥수수밭 10여 분. 이번에는 강줄기 하나, 가끔 옥수수밭 너머 저 멀리 마을들, 마치 다시 넘기는 스케치북처럼 바깥 풍광은 늘 그대로였다.

이런 경험을 또 어디서 했더라? 맞다. 쑹화강(松花江)과 아무르강이 만나는 헤이룽장성(黑龍江省)의 퉁장시(同江市)로 갈 때였다. 자동차 앞자리에 앉았는데 두 시간이 지나도록 저 멀리 뭉게구름이 그 모양 그대로 그 자리에 있던 기억.

또 있다. 칭하이성青海省 칭하이호青海湖를 찾아갈 때였다. 졸다 깨고 졸다 깨도 초원과 야크만 놓여 있던 기억이 있다. 그때 아마 나는 운전하는 스태프에게 짜증을 냈을 것이다.

'한 시간 동안 뭐했어?'

녹색 열차를 타고 평원을 즐기며 가고 있는 이 길은 1944년 한여름, 준엽 일행에게는 죽음의 길이었다. 물 문제가 제일 심각했다. 아무 물이나 함부로 마실 수 없었다. 어쩌다 만나는 수박이나 과실을 자율적으로 따서 먹기도 했지만 역부족이었다. 갈증은 이들의 가장 큰 적이었으며 이 탓에 나중에 준엽은 신장을 크게 다쳐 평생 고생했다.

단조롭기 그지없는 차창 밖을 바라보며 나는 의문에 휩싸였다. 도대체 그 무엇이 젊은 준엽과 그들을 이 대지로 내몰았을까? 아직도 시퍼런 청춘들이 목숨을 걸겠다고 나선 까닭이 무엇일까? 나라를 되찾겠다고? 그들에게 나라는 무엇이었을까?

준엽이 태어나기 13년 전인 1910년 8월 27일, 대한제국이 망했다. 그러니까 준엽은 '나라'가 망하고도 13년이 지난 후에야 태어났다. 그가 태어나기 전에 3·1 만세 운동이 있었고 그 해 대한민국 임시정부가 설립됐다. 청산리 대첩도 봉오동 전투도 그가 태어나기 전의 일이었다.

그런 준엽과 그의 동지들이 되찾아야 할 나라는 어떤 나라였을까? 정말로 목숨 바쳐 나라라는 것을 되찾고 싶었을까?

잊지 못할 중국인 청년

안후이성安徽省 쉬저우徐州를 출발하여 서쪽으로 서쪽으로 이동하던 준엽 일행에게 또다시 난관이 닥쳤다. 이번에는 '용해선'이라는 철도였다. 중국 동쪽의 항구도시 롄윈連雲港:연운항과 산시성陝西省의 바오지寶鷄시를 잇는 용해선은 중국의 동서를 길게 연결하는 철도였다.

일본군의 감시가 철저한 철로 횡단. 다행히 이곳에는 철길만 전문적으로 넘겨주는 안내원이 있었다. 철길 옆 어느 갈대밭에서 준엽 일행은 철로 횡단 전문가를 만났다. 아직 앳된 얼굴의 중국 청년이었다.

준엽 일행이 건너야 할 용해선은 장꾼으로 위장해서 건넜던 진포선과는 비교도 안 될 만큼 일본군의 경비가 삼엄했다. 일본군들은 보급로인 철도를 목숨 이상으로 소중히 여기고 있었다.

일본군들은 철로를 따라 양옆으로 깊은 호를 파두고 있었다. 철도가 가운데 있고 그 양옆으로 높이가 2m가 넘는 직각의 호를 수백, 수천 km나 설치했다. 물론 이 방어호 건설에는 중국인들이 동원됐다고 했다.

새벽 1시, 가까운 일본군 초소의 경비병 교대 시간이 이들이 철길을 횡단할 유일한 기회였다. 안내원 청년과 준엽 일행은 낮은 포복으로 첫 번째 방어호까지 다가갔다. 중국인 청년은 메고 온 밧줄을 방어호 안으로 늘어뜨리고 한쪽 끝은 자신의 몸에 묶었다. 그리고는 준엽 일행을 한 사람씩 밧줄을 잡고 호 안으로 내려가게 했다. 준엽 일행이 모두 호 안으로 내려가자 중국인 청년은 마치 무술영화의 주인공처럼 잽싸게 호 벽을 타고 내려왔다.

호 바닥은 물기가 있어 축축했다. 호 안에서 바라본 밤하늘은 좁고 길게만 보였다. 중국인 청년은 다시 밧줄을 위로 던지더니 호 벽에 바짝 붙어 오르기 시작했다. 그 모습이 마치 무협지에 나오는 무술 고수의 몸짓 같았다.

다시 호 밖으로 나간 청년은 밧줄을 내려 주었고 준엽 일행은 그 밧줄을 타고 호 밖으로 올라갔다. 직각으로 파 놓은 호 벽은 미끄러웠지만, 중국 청년이 지탱해주는 밧줄에 의지해서 모두가 무사히 호 밖으로 올라올 수 있었다.

이제 그들 앞에는 차가운 철로가 놓여 있었다. 마치 두 마리 긴 뱀처럼 차갑게 가로누워 있는 철로, 중국인 청년이 먼저 낮은 포복으로 철로로 접근했다. 그런 다음 몸을 빙글 돌려 선로와 선로 사이 침목 위에 몸을 바짝 눕혔다. 혹시 열차가 지나가더라도 다치지 않을 정도로 중국인 청년은 철길에 몸을 바짝 붙였다.

준엽 일행도 청년의 동작을 그대로 따라 했다. 모두가 철길 한가운데 침목을 베고 누워 숨을 골랐다. 귀를 기울여 보았으나 일본군 초소 쪽에서는 아무런 움직임이 없었다.

청년이 다시 몸을 빙글 돌려 철길 반대쪽으로 빠져나갔다. 준엽 일행도 청년을 뒤따라 철로를 벗어났다. 그러자 이번에는 반대편의 또 다른 호가 기다리고 있었다. 다시 청년이 밧줄을 지탱해주는 동안 준엽 일행은 호 안으로 내려갔고 역시 먼저 올라간 청년이 당겨주는 밧줄 덕분에 준엽 일행은 호를 벗어날 수 있었다.

용해선 철길을 건넌 것이다. 일행은 돌아보지도 않고 10여 리를 더 달렸다. 그러자 호수가 나타났다. 그 호숫가에서 다음 인솔자를 기다렸다. 목이 마른 준엽 일행은 중국 청년의 제안에 따라 수박 서리를 해 먹었다. 호수의 물은 오염돼 있어서 마실 수 없을 거라 판단했다.

준엽은 두 번째 절도 행각을 서슴없이 저질렀다. 첫 번째 절도는 탈출 직전 수류탄을 훔친 것이었고, 두 번째는 용해선을 지난 다음의 한밤중 수박 서리였다.

“이름이나 알아 둡시다!”

갈증도 가시고 새로운 안내자도 나타났다. 그러자 준엽이 중국인 청년에게 말을 건넸다. 그런데 중국인 청년의 반응이 전혀 뜻밖이었다.

“그까짓 이름은 알아서 무엇하겠소?”

청년은 끝내 이름을 말하지 않았다. 다만 자신을 중국의 한 애국 청년으로만 알아달라고 했다. 그리고 일본을 물리치고 자유의 나라가 되면 오늘 밤의 일을 아주 잊지나 말아 달라고 했다.

청년은 손 한 번 흔들고는 어둠 속으로 총총히 사라졌다.

푸양阜陽의 '맨해튼 바'

과연 그 청년은 어떤 인물이었을까? 일본군의 경계가 삼엄하기로 이름난 용해선만을 전문적으로 안내한 청년. 끝내 자신의 이름을 밝히지 않은 것을 보면 어쩌면 지식인이 아니었을까? 준엽이 똑똑히 기억하는 청년의 대사 또한 일반 청년의 입에서 나온 거라고는 믿어지지 않았다. 철로 양쪽에 일본군이 깊이 파놓은 방어호를 넘나드는 솜씨를 보면 운동이나 무술에도 조예가 깊은 청년이었을 것이다. 그 청년은 격랑의 중국 현대사에서 어떻게 살아났을까?

차창 밖을 내다보며 이런저런 생각에 잠겨 있을 무렵 옆자리의 녀석이 벌떡 몸을 일으켰다.

"일어나쎄요. 다왔쎄요."

열차가 달려오는 두 시간 반 중에서 무려 두 시간 29분이나 주무시던 녀석이 벌떡 일어나며 내리자고 했다. 내릴 때도 기차표 검사를 하는 것을 보며 또다시 드는 생각, 사람을 그리 못 믿나? 하긴 우리도 내릴 때 기차표를 검사하던 시절이 있었다.

안후이성安徽省 푸양시阜陽市, 역시 엄청나게 넓은 푸양역 광장은 중국의 역이라고는 믿어지지 않을 정도로 한산했다.

"왜 이렇게 사람이 없어? 내일이 추석인데?"

"중국은 추석 크게 안 해요. 조선족만 좀 크게 하고."

추석이 춘절만큼은 못하다는 것을 알고는 있었지만 이렇게까지 조용할 줄은 몰랐다.

"밥 먹자!"

"뭐 먹으시겠쎄요?"

"네가 좋아하는 거 먹자."

"에? 정말요?"

녀석이 나를 빤히 바라봤다. 약간 불안해졌다. 너와 나의 입맛 밥맛이 다를 터인데….

"내가 고를까?"

"아, 아녜요. 잠깐만요."

그러더니 녀석이 다시 검색을 한다. 한참을 핸드폰과 씨름하더니 녀석이 툭 내뱉는다.

"여기는 진짜 촌이네요. 햄버거 가게도 없네요. 그냥 저게로 가쎄요."

녀석이 역 광장 맞은편에 있는 깔끔한 가게 하나를 가리킨다. 들어가 보니 우육면 전문집이었다. 그런데 프랜차이즈인 듯하다.

"이건 너희 청도에도 있는 가게지?"

"네, 먹어 봐요. 국물이 좋아요."

녀석아, 프랜차이즈 국물이 좋으면 얼마나 좋겠니? 네 말마따나 여기가 촌 동네라면 적어도 '3대 할머니 가마솥 우육면' 정도는 돼야 하는 거 아니냐? 그러나 말없이 녀석이 시켜주는 대로 프랜차이즈 우육면 한 그릇을 뚝딱 해치웠다.

중국의 우육면은 우리나라의 잔치국수와 비슷하다고 하면 될까? 동북 3성 등 쌀을 많이 먹는 지역을 제외하고는 어딜 가나 우육면이 인기다.

쇠고기 국물에 면을 말아먹는 우육면은 육수와 양념과 주인장의 노하우에서 맛의 차이가 나는 음식이다. 푸양역 앞에서 먹은 우육면은 중국의 여느 공항에서 먹은 우육면과 큰 차이가 없었다.

점심을 먹고 나서니 정오 무렵의 햇살이 따갑다. 이곳 푸양은 준엽 일행이 지나간 곳이 아니었다. 준엽은 쉬저우를 출발하여 대륙의 동서를 가로지르는 진포선과 용해선 철로를 건넌 다음 안후이성安徽省 쑤이시현濉溪縣:수계현과 워양현渦陽縣:와양현이라는 곳을 거쳐 곧장 린취안臨泉:임천으로 향했다.

그런데도 나는 이곳 푸양을 거쳐가고 싶었다. 쉬저우에서 린취안으로 바로 가는 대중교통도 없었을 뿐만 아니라 이곳 푸양에서 꼭 가보고 싶은 곳이 있었다.

"여기서 린취안까지 몇 킬로미터야?"
"60킬로미터쯤 돼요."
"택시 타면 되겠지?"
"네, 그럴 거예요. 여기서 린취안 가는 버스도 없을 거예요."
"없을 거라니?"
"중국은 버스 많이 없쎄요."
"택시 하나 불러."

녀석은 불편하기 짝이 없는 버스를 타자고 할까 봐 내심 두려웠을 것이다. 택시라는 말에 녀석이 반색을 하며 핸드폰을 몇 번 꾹꾹 누르고 잠시 기다리니 금방 깜빡이 켠 택시 한 대가 다가온다.

"린취안까지 얼마래?"
"200위안 달래요."
60여 km에 3만 4천여 원! 비싼 건 아니다.
"220위안 줄 테니까 푸양에서 한 군데 들렀다 가자고 해."

덩치 큰 운전기사가 금방 사람 좋게 웃는다. 파란색의 낡은 택시다. 베이징 올림픽 전부터 운행한 것이 아닐까 싶은 수동 기어다. 운

* 푸양埠陽시에 있는 클럽 맨해튼 바. 1945년 6월, 광복군 제3지대 창립기념식이 열린 곳이다.

전석 보호망도 없는 인간적인 택시다. 나는 택시 기사한테 사진 한 장을 보여주었다.

기사는 금방 알았다며 차를 출발시켰다. 채 10분도 걸리지 않아 기사는 좁은 골목에 차를 세우고는 어느 건물을 가리켰다.

사진 속의 그 건물이 틀림없었다. 키 낮은 2층 건물 중간에 '맨해튼 바曼哈頓 BAR'라는 간판이 붙어 있었다. 자랑스러운 한국광복군의 역사가 서려 있는 곳, 꼭 와보고 싶었던 곳이었다.

한국광복군 제3지대

1940년 9월 17일, 충칭重慶:중경에서 드디어 한국광복군이 창설되었다. 광복군 총사령관 지청천, 제2지대장 철기 이범석, 나중에 합류한 김원봉이 부사령관을 맡았다. 명실상부 대한민국 임시정부의 국군이었다.

임시정부는 이미 1919년 수립 당시 대한민국육군임시군제를 제정했다. 그러나 많은 독립단체와 무장투쟁 세력들의 생각과 이념의 차이, 재정적 어려움 등으로 곧바로 실현되지 못했다. 그러다가 1932년 윤봉길 의사의 의거가 있었고, 이를 계기로 임시정부는 중국 정부의 전폭적인 지원과 협조를 받게 되었다.

1934년, 김구는 뤄양군관학교에 한인특별반을 설치하여 간부를 양성했고, 중국의 중앙육군군관학교에도 한국인 청년들을 입학시켜 군사훈련을 받도록 했다. 그러나 임시정부가 일제의 압박을 피해 중국 전역을 떠돈 탓에 우리 군대 창설은 여의치 않았다. 그러다가 마침내 충칭에 임시정부가 정착하면서 한국광복군도 창설이 가능했다.

'광복군은 한·중 두 나라의 독립을 회복하고자 공동의 적인 일본제국주의를 타도하며 연합군의 일원으로 항전할 것을 목적으로 한다'고 김구 주석은 광복군 선언문에서 밝히고 있다.

그러나 한국광복군은 아직 완벽한 대한민국 임시정부의 군대가 아니었다. 중국 정부는 이른바 '한국광복군 9개 행동준승'이라는 것을 요구했다. 즉 한국광복군은 중국군 참모총장의 지휘를 받아야 하며 한국 임시정부는 명목상 통수권만 가진다고 했다. 또한 한국광복군의 활동 반경도 한국과 한국 변경에 근접한 지역으로 한정하며 반드시 중국군과 연합 작전을 펼쳐야 한다는 등 한국광복군의 독자성을 인정하지 않았다. 이에 임시정부는 오랫동안 중국과 교섭해 마침내 한국광복군의 통수권을 인정받고 재정 지원도 차관으로 한다는 새로운 군사 협정을 타결하기도 했다.

한국광복군이라는 군사력을 보유하게 된 임시정부는 1941년 12월 7일 일본이 진주만을 기습, 태평양 전쟁을 일으키자 사흘 뒤인 12월 10일 주석 김구, 외교부장 조소앙 명의로 대일본 선전포고문을 발표했다. 뒤이어 1942년 5월 약산 김원봉이 이끌던 조선의용대가 광복군에 편입되었다. 명실상부 좌우 합작의 통일된 군대가 탄생한 것이다. 따라서 광복군도 재편되었다.

'밀양사람 김원봉'의 조선의용단대는 광복군 제1지대, 기존에 있던 4개 지대는 통합하여 광복군 제2지대로 편성했다.

그리고 1945년 6월 30일, 광복군 제3지대가 창설됐다. 바로 그 제3지대 창립 기념식이 열린 곳이 내가 찾은 푸양의 맨해튼 클럽, 당시의 인민극장이었다. 그 창립 기념식이 희미한 흑백 단체 사진으로 남아 있다. 제3지대장은 김학규 대장으로 준엽과도 깊은 인연을 맺은 인물이었다.

1900년 11월, 평안남도 평원에서 출생한 김학규 대장은 열두 살 때 만주로 이주한 이후, 신흥무관학교를 졸업하고 조선의용대에 파견되었다. 이후 1927년에는 동명학교 교사생활을 시작했다. 동명학교는 1914년 한경희 목사가 랴오닝성 유하현 삼원보에 세운 기독교계통의 민족학교였다. 이후 조선혁명당에 가입, 양세봉 조선혁명군 총사령관의 참모를 맡았다. 1932년 양세봉 사령관이 일본 첩자의 유인에 걸려 순국하고 조선혁명당이 와해되자 중국 내륙으로 이동하여 린취안臨泉 중국 중앙군관학교 산하 한국광복군간부훈련반 교관을 맡기도 했다. 바로 그때 준엽과 인연을 맺었던 것이다.

당시 광복군 제3지대 창설 기념식이 열렸던 푸양의 인민극장은 이후 디스코 장으로 바뀌었다가 지금은 '맨해튼 바'라는 간판을 달고 있다. 내가 도착한 시각은 오후 1시경, 바의 문은 굳게 닫혀 있었다. 안에는 뭘 하는지 뭘 파는지 도무지 알 수가 없었다. 지금은 여느 건물과 뒤섞여 볼품없지만 당시에는 인민극장으로 사용될 만큼 주변에서는 가장 큰 건물이었을 것이다.

그러나 건물 앞의 도로는 좁았고 양옆으로 차량들이 즐비하게 주차돼 있어 통행조차 불편해 보였다. 나는 닫힌 건물 앞과 주변을 천천히 살펴보았다. 혹시라도 대한민국 임시정부 한국광복군 제3지대와 관련된 안내판이라도 있을까 해서였다.

"뭐 찾으쎄요?"

저만치서 기사와 함께 수다를 떨던 녀석이 지겨웠는지 다가오며 말했다.

“뭐 안내판 같은 거 없나 찾아봐.”

“무슨 안내판요?”

순간 말문이 막혔다. 녀석한테 어떻게 설명해야 한단 말인가? 한국광복군 제3지대, 임시정부, 김학규 대장 등….

다시 한번 닫힌 바의 입구를 살피는데 주차된 차량 뒤에 동판이 하나 보였다. 말 탄 기사 동상 아래 건물 입구 오른쪽 벽면 앞에 붙여진 안내판이었다. 한 눈에도 최근에 붙인 것은 아닌 것 같았다. 차량 틈새를 비집고 들어가 안내판을 들여다보았다. 안내판의 제목은 꽤 길었다. 대충 눈치로 파악해보니 ‘본 클럽 출입을 환영하지 않는 인사들에 대한 통고문’ 같았다. 우리 식으로 말하자면 ‘아래의 조항에 해당하는 자는 본 클럽에 출입할 수 없습니다’ 정도의 뜻인 듯했다.

그리고는 출입할 수 없는 유형을 다섯 개로 나열해 두고 있었다.

첫째는 일본 군국주의자와 정국신사靖國神社 참배자였다. 정국신사란 일본의 야스쿠니 신사를 말하는 것이었다. 둘째는 국제공포주의자, 즉 테러리스트, 셋째는 분열을 획책하는 자, 넷째는 마약을 소지하거나 복용한 자, 다섯 번째는 위험한 무기를 가진 자 등이었다. 그리고 안내판을 세운 주체는 중국 푸양 맨해튼 클럽이라고 돼 있었

* 클럽 맨해튼 바 앞의 안내판. 출입 금지자들을 규정해 놓고 있다.

다. 아무리 둘러봐도 지나다니는 사람이 없어 이 안내판이 언제 만들어진 것인지 물어볼 수는 없었다.

출입 부적격자 중에서 야스쿠니 신사 참배자가 유난히 눈에 띄었다. 이 기준이라면 혹시 나도 출입금지자일까? 아니지, 나는 참배가 아니었으니까!

야스쿠니 신사에서

정국신사靖國神社, 나라를 편안하게 한다는 뜻이지만 야스쿠니 신사에 모셔진 인물 중에는 오히려 나라를 어지럽히고 세계 평화를 해친 인물들이 적지 않다. 1869년 메이지 유신 직후, 막부와의 전쟁에서 목숨을 잃은 이들을 일본의 신으로 추앙하기 위해 건립한 것이 야스쿠니 신사였다. 그런데 제2차 세계대전 전사자 외에 특A급 전범들도 함께 합사하면서 세계적인 비난을 받고 있는 것이 야스쿠니 신사 아니던가?

준엽의 길을 찾아 떠나기 두어 달 전, 나는 도쿄의 야스쿠니 신사를 방문할 기회를 얻었다.

신사 입구의 거대한 도리와 동상의 크기는 압도적이었다. 신사에 들어서자 많은 일본인이 신사 정면 건물 앞에서 정중히 참배를 하고 있었다.

노인들이야 그렇다 치더라도 짧은 치마를 입은 젊은 여성이 손뼉을 치고 상체를 90도로 숙여 참배하는 모습을 나는 멀찍이서 팔짱을 끼고 바라보았다. 그런 나를 경비원이 의아하게 보고 있었다. 아마 그도 나의 정체나 국적을 짐작은 했을 것이다.

야스쿠니 신사 안에는 유슈칸遊就館이라는 전쟁박물관도 있었다. 박물관 앞에는 군견, 말, 어머니 상像 등 다양한 동상들이 서 있었다. 아무런 감흥이 없었다. 아니 감흥을 느끼지 않으려고 애쓰고 있었는지도 모른다.

안으로 들어서자 더욱 놀라운 광경이 펼쳐지고 있었다. 천장에서

부터 길게 늘어뜨린 하얀 천들이 즐비했다. 그 천에는 짐작건대 전장으로 나가는 젊은 병사들의 맹세가 적혀 있는 듯했다. '이 한목숨 천황 폐하를 위해 초개처럼 바치겠노라' 따위의 글귀들이었다.

착잡한 심경으로 그 글귀들을 바라보고 있는데 어디선가 웅얼거리는 소리가 들렸다. 둘러보니 허리가 굽은 노파가 천과 천 사이를 천천히 거닐며 뭔가 읊조리고 있었다.

낮고도 처연한 목소리였다. 글귀의 주인공을 위한 추모와 애도의 곡조인 듯했다. 저 할머니가 불편한 몸으로 하얀 천 사이를 다니며 추모하는 대상은 누구일까? 젊은 나이에 전장으로 나가 돌아오지 않은 남편일까? 아니면 전장에 생을 마친 모든 넋일까?

무거운 마음으로 기념관 내부를 돌아보았다. 한반도와 대륙 침탈의 선봉대 역할을 했던 기관차와 일본군 전투기 제로센과 곡사포, 대검이 꽂힌 총을 든 일본군 병사의 작은 동상 등이 설치돼 있었다. 철저하게 일본의 시각에서 해석된 역사가 마음을 무겁게 했다.

가령 일본이 대련 등 요동을 차지했다가 삼국 간섭으로 물러난 시기를 이들은 '와신상담의 시기'라고 표현하고 있었다. 만주 사변과 중·일 전쟁을 일으키고 30만이나 되는 중국의 난징 시민들을 학살한 시기를 '국운융성기'라고 표현하고 있었다.

그리고 기념관 막바지, 수많은 흑백 증명사진이 벽면을 가득 메우고 있었다. 학생모를 쓴 청년들, 그보다 더 어린 앳된 소년의 얼굴들까지…. 이른바 성전에 참가하여 천황 폐하와 대일본제국의 영광을 위해 초개처럼 목숨을 버린 청춘들의 사진이었다.

그 사진을 바라보는 관람객들 어느 누구 하나 숨소리조차 크게 내지 못했다. 나 역시 마찬가지였다. 그러나 일본인들과 나는 분명히 느낌이 달랐을 것이다. 일본인들은 그들의 천황과 조국을 위해 목숨을 버린 청춘들의 죽음을 거룩한 희생이라 여길지 모르지만, 나는 책임을 묻고 있었다. 저 푸른 청춘들의 죽음은 누가 책임질 것인가? 저들을 죽음으로 내몬 자들은 누구인가?

안후이성安徽省 푸양阜陽의 옛 인민극장 앞, 한국광복군 제3지대가 출범한 그 역사의 현장에서 뜻하지 않게 '야스쿠니 신사'를 만난 나는 그야말로 만감이 교차하고 있었다.

"기사가 빨리 가재요. 벌써 20위안보다 더 기다렸대요."

아마 녀석이 지겨웠을 것이다. 다시 택시에 올라 이제 린취안臨泉으로 곧장 가자고 했다.

많이 닮았군요

다음 목적지는 린취안臨泉, 택시는 금방 푸양 시내를 벗어나 서북쪽으로 방향을 잡는다. 중국에서 60km는 이웃 마을이다. 그래서인지 덩치 큰 기사 녀석이 기분이 좋은 듯 휘파람까지

불어댄다. 그러는 사이에도 녀석과 기사는 끊임없이 수다를 떨어댄다. 여하튼 친화력 하나만은 평가할 만한 중국인들이다.

“이 기사 집이 린취안이래요.”

묻지도 않았는데 녀석이 돌아보며 말한다.

“그래? 이름이 뭐래?”

뭐라고 대답하는데 두 번 묻기도 싫다. 어차피 들어봤자 나중에 기억 안 날 터, 성은 진 씨라고 했다.

“진 기사 장가갔대?”

“아직이요.”

“몇 살이래?”

“서른넷이래요. 나보다 한참 많아요.”

“그래? 난 서른여덟이라고 해.”

녀석이 그렇게 말했는지 기사가 룸 미러를 통해 나를 바라본다. 그리고는 뭐라고 한마디 한다. 그러자 녀석이 킬킬대며 웃었다.

“뭐래?”

“서른여덟 치고는 많이 닮았대요.”

‘닮았다니?’ 거 참 표현 한번 기발하고도 발칙하도다!

길은 한산하고도 곧았다. 양옆으로는 너른 벌판이 펼쳐지다가 마을이 나타났다가 또 평원이 펼쳐지기를 반복하고 있었다. 시골 마을이라고 하지만 마을 하나 규모가 우리의 웬만한 읍 수준이다. 진 기사는 마치 관광 가이드라도 된 양 푸양阜陽과 린취안臨泉에 대해 끊임없이 떠들어댔고 녀석은 녀석대로 나한테 통역하느라 곤욕을 치르고 있었다.

"이 기사 진짜 말 많네요."

내가 듣기에는 적어도 7대 3이었다. 녀석이 7이었다. 난생처음 와 보는 지역에 대해 녀석도 궁금한 것이 많았던 모양이다.

"뭐라는데?"

"이쪽은 중국에서도 못사는 동네래요. 어느 땐가는 수백만 명이 굶어 죽기도 했대요."

"땅이 이렇게 넓은데 왜 굶어 죽어?"

"비가 많이 안 와요. 어떤 때는 몇 년 동안 안 오기도 한대요."

다시 지도를 펼쳐 봤다. 지금 어디쯤인가? 위도상으로는 제주도보다 훨씬 남쪽이었다. 일본 본토와 오키나와 사이 정도였다. 중국 대륙의 한가운데, 마르고 건조한 땅이 틀림없었다. 그러고 보니 주변의 지명에도 유난히 볕 양陽자가 많이 들어간다. 지나온 푸양, 앞으로 가야 할 난양南陽 그 옆의 샹양襄陽 등…. 볕이 좋은 고을이기도 하지만 그만큼 건조한 땅이라는 뜻도 될 것이다.

다시 지도를 찬찬히 들여다본다. 한반도의 산과 강과는 사뭇 다르다. 우리의 강들은 모두 산에서 발원하여 흐르고 흘러 동해나 남해나 서해로 흘러 들어간다. 그런데 중국의 물길은 가다가 사라지기가 일쑤다. 어느 산맥에서 발원하여 흐르다가 큰 호수에서 끝나는 강줄기도 적지 않다. 물론 양쯔강이나 황허강 같은 큰 물줄기는 끝까지 바다를 향해 가지만 중간에 사라지거나 증발하는 물길도 적지 않다. 이러니 대륙 땅 구석구석 체계적인 수로를 갖추기 어려울 테고 당연히 가뭄이나 홍수의 피해도 적지 않았을 것이다.

택시는 수백만 명을 굶겨 죽였다는 땅을 부지런히 달렸다. 찾아가는 린취안臨泉은 푸양시의 현縣 단위 도시다. 중국의 행정 체계상 현이라면 우리의 면面 단위 정도이다. 준엽 일행이 찾아갔을 때 린취안은 워양渦陽보다는 좀 더 큰 소도시였다.

“다 왔쎄요!”

녀석이 살짝 졸음에 빠진 나에게 고함을 쳤다. 눈을 떠보니 8차선은 돼 보이는 도로가 시원하게 뚫려 있었다. 그리고 도로 양옆으로는 눈 닿는 데까지 기괴한 구조물들이 즐비했다. 자세히 보니 대형 크레인이었다. 길 양옆으로 엄청난 높이와 규모의 아파트 단지가 건설되고 있었다.

바람, 개발 바람이었다. 린취안 입구에 들어서고도 한참이나 똑같은 광경이 펼쳐졌다. 만약 우리나라에서 이런 정도의 건설이 이뤄진다면 온 국민이 관심을 갖는 대규모 신도시일 것이다. 좀 더 과장하자면 세종시 같은 도시가 하나 들어서고 있는 듯했다. 그런데 이런 대규모 개발이 한낱 현 단위 도시에서 펼쳐지고 있었다.

"린취안 제1중학교로 가자고 해!"

집이 린취안이라는 진 기사는 의기양양하게 핸들을 꺾었다. 오래지 않아 어느 학교 정문 앞에 택시가 멈췄다. 내려서 보니 교문에는 유려한 흘림체로 '린취안 제1중학교'라는 현판이 붙어 있었다. 그런데 뭔가 느낌이 이상했다. 여기가 거기인가? 푸양에서 한국인 청년들이 모여 있다는 소식을 듣고 준엽 일행이 기를 쓰고 찾아왔던 바로 그곳이….

한국광복군 간부훈련반

하루종일 배를 탄 어느 날 오후 마침내 준엽 일행은 육지에 닿았다. 안후이성安徽省 쑤이시현濉溪縣:수계현이라는 작은 읍이었다. 그런데 이 작은 읍에는 중국군 정규군이 주둔하고 있었다. 준엽 일행이 공함을 건네자 사령관이 금방 준엽 일행을 맞이했다. 준엽 일행을 본 사령관은 깜짝 놀랐다.

준엽 일행이 입고 있는 옷이 너무나 낡고 남루했기 때문이었다. 사령관은 한국 혁명동지들을 이렇게 대접해서 미안하다고 했다.

준엽 일행은 쑤이시현에서 며칠 머물렀다. 그러는 동안 사령관은 준엽 일행에게 새 군복을 맞춰 주었다. 재단사까지 동원하여 일일이 치수를 잰 다음 군복을 맞춰 주었다. 그런데 준엽 일행이 받은 군복은 흰색이었다. 중국군 군복은 청색인데 준엽 일행한테 흰색 군복을 지급한 까닭이 무엇일까? 준엽은 우리를 백의민족이라고 알고 있는 사령관의 호의라고 여겼다.

준엽 일행은 훨씬 군기가 잡힌 중국군 호송 대원들과 함께 다시 길을 떠났다. 새 군복까지 입은 준엽 일행의 발걸음은 가벼웠다. 사흘을 걸어 안후이성安徽省 워양현渦陽縣:와양현이라는 곳에 도착했다.

이곳에도 역시 중국군 정규군이 주둔하고 있었다. 이곳에서도 사령관과의 접견이 이뤄졌다. 제대로 된 중국군 사령부였다. 40대의 세련된 사령관은 영어까지 섞어가며 준엽 일행과 대화를 이어나갔다. 준엽 일행은 여기서 놀라운 소식을 들었다.

'이곳에서 멀지 않은 린취안臨泉에 한국 청년들이 많이 집결해 있소.'

과연 어떤 청년들이 모여 있을 것인가?

준엽 일행은 다시 워양현渦陽縣을 출발하여 린취안臨泉을 향해 걷기 시작했다. 3명의 호송병이 깍듯하게 준엽 일행을 안내했다. 린취안을 100여 리 앞둔 어느 마을, 비가 내리기 시작했다. 귀한 비였다. 비는 사흘간 쏟아졌고 준엽 일행은 꼼짝없이 발이 묶였다. 그 사흘 동안 준엽은 오랜만에 가족들 생각에 푹 빠질 수 있었다. 이미 결혼을 한 장준하와 홍석훈 동지도 가족 생각이 간절했을 것이다.

입대 전 어머니는 준엽에게 결혼을 권했다. 준엽은 죽을 것이 뻔했기 때문에 어머니 말씀을 따를 수 없었다.

나흘째 아침, 마침내 비가 그쳤다. 준엽과 동지들은 한결 가벼워진 발걸음으로 머물던 농가를 출발했다. 준엽이 탈출 후 처음 중국군 유격대를 만났을 때, 고심했던 것 중의 하나가 호칭이었다. 그런데 호칭 문제는 의외로 쉽게 해결되었다. 유격대원들은 모두가 '동지'로 부르고 있었다. 준엽은 '한국혁명열사 동지'가 되었다. 사령관도 '사령관 동지'로 부르면 그만이었다.

장준하 등 다른 탈출 학도병들을 만난 후에도 자연스레 서로를 동지로 불렀다. 이름이나 성 뒤에 '동지'만 붙이면 그만이었다. 뜻을 함께 하는 동지!

당시 준엽 일행이 목격한 린취안은 지금보다는 훨씬 작은 규모였을 것이다. 그런데 린취안에 들어서고도 준엽 일행은 한참이나 헤매야 했다. 준엽 일행을 안내한 호송병들도 린취안이 초행이었다.

도대체 한국 청년들이 어디에 모여 있는지 찾을 길이 없었다. 한참을 린취안 시내를 헤맨 끝에 마침내 준엽 일행은 어느 군부대 앞에 도착했다.

호송병들이 정면 보초병들에게 다가가 뭐라고 몇 마디 했다. 호송병들은 그들에게 공함을 보여 주었다. 그러자 보초병들은 중국군 호송병들만 정문 안으로 안내했다. 준엽과 동지들은 어쩔 수 없이 부대 정문 밖에서 멍하니 기다릴 수밖에 없었다.

그리고 얼마나 지났을까? 갑자기 부대 안이 소란스러워지더니 수십 명의 중국 군복을 입은 청년들이 준엽 일행을 향해 달려 나왔다. 그리고 일행을 에워쌌다.

"얼마나 고생하셨소?"

"정말 고생 많았소. 잘 오셨소!"

분명한 한국말이었다. 그들은 준엽 일행을 떠안듯이 안으로 데려갔다.

준엽 일행을 맞이한 청년들은 한국광복군 간부훈련반 대원들이었다.

당시 장제스蔣介石 국민당 정부는 장교 양성을 위해 중국 전역에 9개의 중앙육군군관학교 분교를 두고 있었다. 준엽과 동지들이 찾아간 린취안은 중국 제10전구 관할 지역으로 제19집단군 사령부가 설치돼 있었다. 군관학교는 제1전구부터 제10전구까지 있었는데 제4전구는 아예 이름이 없었기에 모두 9개였다. 중국도 죽을 사死와 발음이 같은 '4전구'는 피했다.

한국 청년들은 바로 이 중국군 군관학교에서 한국광복군 간부가 되기 위해 위탁 교육을 받고 있었다. 한국광복군 간부훈련반, 약칭 한광반이었다. 이들을 만난 준엽은 감격했다.

그 교문 앞에서

학도병 탈출 제1호 김준엽의 자서전 〈장정〉을 보면서 매우 인상적이었던 장면 중의 하나가 바로 린취안 한국광복군 간부훈련반에 도착해서 한광반 대원들을 만나는 순간이었다.

푸양에서 우리를 태우고 끊임없이 수다를 떨며 달려온 진 기사는 차를 학교 교문 건너편에 세우더니 이따가 오겠단다. '요금을 줬던가?' 또 그 의심증이 도졌다.

"요금 아직 안 줬지?"
"예."
"그럼 도망은 안 가겠구나."
"재 집이 여기래요."
"재 집 알아?"
"몰라요."
"근데 왜 좀 이따 온대?"
"주차 단속이 심하대요."

넓고 넓은 나라, 도로는 휑하건만 단속은 심한 모양이다. 중국에서 자동차를 타다 보면 이해 못할 일이 있다. 단속 카메라 앞에서다. 분명히 시속 60km가 제한 속도인데 카메라 앞에만 가면 20~30km로 슬슬 기어가기 일쑤다. 아직 누구한테 왜 그런지 물어보지는 못했지만 아마도 단속 카메라 성능을 믿지 못하는 게 아닐까? 59km로 지나갔는데 69km로 찍힌다든지….

일단 길 건너편에서 교문 사진부터 찍었다. 그런데 역시 뭔가 이상했다. 자료에서 보던 것과 달리 교문이 너무 크고 웅장하고 넓었다. 무엇보다 교문에서 바로 보인다는 제1중학교 과학관이 보이지 않았다. '한광반'이 있던 곳으로 알려진 과학관이 보이지 않았던 것이다. 일단 물어나 보자. 왕복 8차선 길을 무단횡단으로 건너가니 교문 옆 경비실에 경비원 둘이 있다. 녀석에게 물어보라고 했다.

"여기가 린취안 제1중학교인가?"
"맞다. 어디서 왔나?"
"한국에서 왔다."
"한국에서 여기 왜 왔냐?"
"예전에 여기가 군부대 자리였나?"
"그런 거 없었다."

아무래도 경비원은 뭘 모르는 듯했다.

"여기서 얼마나 근무했나?"

"작년부터다."

"여기가 고향이냐?"

나보다 네댓 살은 더 '닭아' 보이는 두 경비원을 계곡 닦달했다.

"그렇다."

"예전에 린취안에 중국군과 한국군 부대가 있었다고 들었다."

"아, 거긴 제4중이다."

"아니다, 나는 제1중으로 알고 있다."

"작년에 여기 새로 학교를 지어서 제1중이 옮겨왔고 예전의 1중은 4중이 되었다."

결론적으로 여기는 '한광반'이 있던 곳이 아니었다. 더 큰 중학교가 생기면서 이곳이 1중이 되었고 원래 1중은 4중으로 강등이 된 것이었다. 경비원들한테 어쨌든 고맙다고 인사하고 돌아서면서 마지막으로 물었다.

"여기 제1중은 학생 수가 얼마나 되냐?"

"8천 명!"

다시 확인해 봐도 8천 명이라고 아무렇지도 않게 말했다. 돌아와서 들은 이야기지만 초등학교가 30개쯤 있는 대한민국의 모 자치단체는 2018년 10월까지 그해 출생아가 17명이라고 했다. 7년 후 그 아이들이 입학할 무렵이면 학교 절반은 입학생이 없을 것이다.

"진 기사 불러!"
"벌써 왔쎄요."

진 기사가 벌써 교문 앞에 차를 대고 있었다. 아마 멀찍이서 우리를 지켜보고 있었던 모양이다. '보기보단 센스가 있는 친구로군'
"제4중으로 가자."
뒷자리에 오르며 말했다.
"안 된대요. 교대 시간 다 됐대요."
"10위안 더!"

진 기사가 울 듯 말 듯한 표정으로 차를 움직였다.

'한광반' 비석을 찾아서

10여 분을 엉금엉금 찾아가니 낯익은 교문이 보였다. 예전의 린취안 1중학교, 더 예전에는 중국 육군중앙군관학교 린취안 분교가 있던 곳, 바로 여기에 한국광복군 간부훈련반도 있었다.
교문 바로 안에는 자료에서 봤던 푸르고 둥근 건물이 보였다. 중학교 과학관으로 쓰이는 곳으로 자료에는 바로 이 건물이 있던 곳에 한광반이 있었다고 돼 있다.

천신만고 끝에 린취안에 도착한 준엽 일행은 바로 저 자리에서 소식을 듣고 달려 나온 한광반 소속 80여 명의 한국인 청년과 만났다. 먼저 와 있던 한광반 청년들 입장에서 보면 다섯 명의 준엽 일행이 얼마나 반갑고도 대견했을까? 환호성을 지르며 달려 나오는 그들을 보며 장준하는 땅이 흔들리는 것 같았다고 그의 자서전 〈돌베개〉에서 술회했다.

길 건너편에서 나는 꽤 오랫동안 교문과 과학관을 바라보며 그날의 장면을 그려보았다. 나도 그들의 감격을 느껴보고 싶었다. 그러나 쉽지 않았다. 경적을 울리며 지나가는 차량의 소음이 나의 시간 여행을 방해하고 있었다.

* 린취안臨泉현 제4중학교. 한국광복군 간부훈련반이 있던 곳이다.

"빨리 구경하쎄요. 택시 돌려보내야 해요."

"더 주기로 했잖아. 기다리라 해."

길 건너 교문으로 다가가니 역시 경비원은 둘이다. 일요일인지라 운동장은 텅 비어 있었다.

"여기 한국 사람들 가끔 왔다."

경비원들은 심심하던 차에 잘됐다는 듯이 묻는 말에 잘도 답했다. 과학관을 가리키며 물었다.

"저기가 군부대가 있던 곳인가?"

"우리는 잘 모른다."

"혹시 학교 안에 무슨 비석 같은 거 있나?"

"잘 모르겠다."

"아니다. 있을 것이다."

나는 자료에서 분명히 린취안에 있는 한국광복군훈련반 기념비 사진을 봤다. 사진뿐만 아니라 그 비문도 꼼꼼히 읽고 온 터였다. 2003년 대한민국광복회와 린취안 상공회의소가 함께 세운 기념비, 붉은 기단 위 까만 비석에 노란색 글씨로 비문이 새겨진 기념비 사진을 분명히 봤던 것이다. 직접 찾아보기로 했다.

"학교 안을 구경 좀 해도 되냐?"

"커이[可]!"

심심하고 친절했던 경비원들은 순순히 학교 출입을 허락했다. 먼저 과학관으로 다가갔다. 문은 굳게 닫혀 있었다. 교사와 운동장과 담벼락 등을 꼼꼼히 살폈지만 이곳에 중국군과 '한광반'이 있었다는 어떤 기록이나 흔적은 찾아볼 수 없었다.

제4중학교 과학관 바로 옆에 작은 공원이 하나 있었다. 혹시 여기라도 뭐가 있을까 싶어 살펴봤지만 공원은 전혀 관리가 되지 않고 있었다. 곳곳에 담배꽁초와 술병, 그리고 누군지 알 수 없는 동상 하나만 서 있었다.

마음이 무거웠다. 준엽은 이곳에 도착해서 한국인 청년들과 만나 감격했는데 나는 그 흔적조차 찾을 수 없어 우울했다. 준엽이 느꼈던 그 감격의 만분의 일이라도 느껴보려 했건만….

기념비의 위치를 정확하게 파악하지 못하고 온 것이 후회됐다. 린취안 제1중학교에 가면 커다랗고 번듯한 기념비를 저절로 만날 수 있으리라 쉽게 생각했던 것이 패착이라면 패착이었다.

벌써 저녁때가 되고 있었다. 낙심해서 교문을 빠져나오는데 손에 빗자루를 든 경비원 한 명이 다가왔다.

"원하는 거 찾았나?"

"못 찾았다."

"저기 소학교 가면 비석 같은 게 하나 있다."

"그래? 무슨 비석인지 아느냐?"

"난 모른다. 있긴 있다."

"고맙다. 그런데 여기는 전교생이 몇 명이냐?"

"천 8백 명이다."

경비원은 아무렇지도 않게 대답하고는 빗자루를 들고 교문 안으로 들어갔다.

이미 교대 시간을 놓쳤다는 진 기사한테 20위안을 더 주기로 하자 어디론가 통화를 하더니 활짝 웃는다.

"뭐래?"

"교대할 기사랑 이야기 잘됐대요."

"그 기사한테 얼마 주기로 했대?"

"나는 몰라요."

"물어봐!"

"에?"

좁은 골목길을 10여 분 돌고 돌아 경비원이 알려준 소학교 앞에 도착했다.

'린취안현 순화가 소학교'라는 간판이 붙어 있었다. 교문으로 사용되는 쇠창살 문을 열고 안으로 들어갔다. 구舊도심지 안에 있는 학교라 그런지 비교적 작은 학교였다. 경비원도 없었다. 막무가내로 교문으로 들어서자 학교 현관 앞 운동장에서 젊은 사내 서넛이 농구공을 갖고 놀고 있었다. 그중 하나가 농구공을 다른 사내한테 넘기더니 다가와서 우리에게 말을 붙여 왔다. 녀석은 그 사내와 한참을 떠들었다. 지명이 쏟아져 나오는 것으로 봐서 내 여정의 전부를 설명하는 듯했다.

참다못해 다가가서 물었다.

"누구래?"

"여기서 선생질한대요."

나는 선생질한다는 사내에게 최대한 공손하게 인사를 했다.

"니하오, 헌 까오싱.안녕하세요, 반갑습니다."

사내가 활짝 웃으며 악수를 청한다. 한국에서 '가장 유명한 작가'에 대한 예우와 존경일 거라고 짐작했다.

"여기 비석이 있다고 해서 보러 왔다."

"저기 있다."

'선생질' 사내가 우리를 축구 골대 뒤쪽으로 안내했다. 그러는 동안 대여섯 명의 '선생질'들이 몰려들었다. 누가 나타났다는 소식에 교무실에 있던 선생님들까지 다 나온 모양이었다. 교사가 안내한 곳은 학교 담벼락이었다. 그가 가리키는 곳을 보니 벽돌 담에 청동 안내판 하나가 붙어 있었다. 한 눈에도 꽤 오래된 안내판 같았다.

다가가서 보니 한국광복군과는 아무런 상관도 없는 내용이었다. 1930년대, 이곳에 중국공산당 비밀 연락처가 있었다는 내용인 듯했다.

중국의 항일투쟁사도 반쪽만 남는 건가 싶었다. 중화인민공화국 수립 이후 항일투쟁사는 그 무게 중심이 중국 공산당의 투쟁사로 옮겨간 것이 아닌가 하는 생각이 들었다. 장제스의 국민당 정부, 그 정부와 긴밀했던 대한민국 임시정부, 그 산하의 한국광복군 등의 항일투쟁사는 의도적으로 배제되고 있는 것은 아닌지….

만약 지금의 린취안 제4중학교에 있던 중국 중앙육군학교가 중국 공산당 산하 조직이었다면 대대적인 안내판과 기념식 따위가 열렸을 것이다. 역사는 그렇게 남은 자들의 해석과 편의에 따라 재구성되고 있는 것인가?

소학교에서 '선생질'하는 대여섯 명의 사내들과 일일이 악수를 하면서 뜨거운 이별식을 치렀다. 그들은 한국의 유명한 작가가 친히 '본교에 왕림하시어' 담벼락의 안내판에 각별한 관심을 기울인 것에 대해 매우 자랑스러워하는 눈치였다. 아닌 게 아니라 한 선생님이 어느새 헝겊을 갖고 와 그 안내판을 닦고 있었다. 나는 그 성의가 고마워서 다시 정성껏 사진을 찍는 척했다.

잡지와 연극

린취안臨泉의 한국광복군 간부훈련반의 분위기는

뜨거웠다. 준엽 일행과 이미 와 있던 80여 명의 한국 청년들은 임시 정부의 국군이 되어 일본군과 싸우겠다는 의지로 똘똘 뭉쳐 있었다. 그중에서 50여 명은 준엽과 같은 학도병 탈출병들이었다. 비슷한 경로를 걸었다는 사실만으로 그들은 충분히 가까워졌다. 20대의 뜨거운 그들은 자신들의 힘으로 조국을 되찾겠다는 사명감과 소명의식에 불타고 있었다.

그러나 준엽의 눈에 비친 한광반의 현실은 이상과는 너무 달랐다. 무엇보다 중국군이 관장하고 있는 교육 훈련 내용이 부실하기 짝이 없었다. 정규군 간부를 양성하기 위한 교육프로그램도 형편없었고, 중국 교관들의 '무성의' 또한 놀라울 정도였다. 이른바 제식훈련 등 기본 훈련만 되풀이되고 있었다. 개인 화기도 제대로 지급되지 않고 있었다.

이 무렵 한광반의 한국인 교관은 김학규였다. 나중에 푸양阜陽의 광복군 제3지대장이 되는 바로 그 인물이었다. 한국인 교관 김학규 역시 운신의 폭이 좁았다. 한국인 청년들은 위탁교육생이었다.

준엽을 비롯한 한국인 청년들은 나름의 자구책을 세웠다. 자신들끼리 교양 학습이라도 하자고 결의했다. 당시 한광반 대원 대부분은 대학을 졸업했거나 재학 중인 학생들이었다. 그들은 각자의 전공을 살려 강연하는 시간을 가졌다.

장준하는 기독교인답게 사랑에 대해 강연했고 준엽은 역사의식에 대해 이야기했다. 그러다 보니 신학, 사학, 법학, 문학 등 다양한 분야에 대한 강연이 이뤄졌고 강연 노트도 쌓여갔다. 그러자 이를 정리해서 기록으로 만들어 돌려보자는 의견들이 나왔다.

'어떻게 할 것인가?'

준엽과 동지들은 의견을 모았다. 그리고 마침내 결론이 잡지를 내자는 것이었다. 준엽과 장준하와 윤재현이 편집위원으로 선정됐다. 나중에 〈사상계〉라는 잡지 발행인이 되는 장준하는 처음으로 잡지와 인연을 맺게 되었다.

준엽과 장준하는 부대로부터 종이와 등사기 등을 지원받아 잡지 제작에 나섰다.

20대 중반의 지적 호기심이 왕성하던 젊은이들에게 잡지 제작은 또 하나의 빛이었다. 잡지 제목은 '등불'로 정했다. 등불은 그들이 찾아가야 할 임시정부를 상징했으며 해방된 조국을 상징했다. 그리고 젊은 그들이 민족의 등불이 되어야 한다는 의지를 담고 있었는지도 모를 일이다.

원고 모집과 등사 등은 순조롭게 진행되었다. 그런데 잡지의 표지가 문제였다. 두꺼운 표지를 만들 재료가 없었다. 어느 날 밤, 장준하는 홀로 손빨래를 하고 있는 준엽을 발견했다. 다음 날 준엽은 훌륭한 잡지 표지를 만들어왔다. 등불 표지는 준엽의 팬티로 만들어진 것이었다. 준엽은 직접 표지 디자인까지 했다. 이렇게 해서 똑같은 내용의 잡지 두 권이 만들어졌다.

팬티 천을 종이에 대서 만든 표지, 한광반 동지들은 그 표지가 헤지도록 잡지를 돌려 읽었지만 표지의 비밀은 장준하를 비롯한 극소수만 알고 있었다. 이후로도 오랫동안 준엽은 '허전하게' 지내야 했다.

왕성한 지적 호기심과 에너지를 가진 준엽 일행은 또 다른 이벤트를 준비했다. 한광반 졸업식이 가까워지자 준엽과 장준하 등은 연극을 졸업 무대에 올리기로 했다. 준엽이 대본을 썼고 장준하가 연출을 맡았다. 노능서 등이 출연하여 열연을 펼쳤다. 연극 제목은 '광명의 길'이었다. 두말할 것도 없이 조국 광복이라는 광명의 길로 뚜벅뚜벅 가겠다는 의지가 담긴 작품이었다.

한광반 졸업 무대에 올린 연극은 공전의 히트를 쳤다. 장준하는 그의 자서전 <돌베개>에서 당시 상황을 생생하게 묘사해 두었다.

학도병으로 끌려 나가는 아들과 어머니의 애절한 이별, 일본군의 만행 등이 너무도 생동감 있게 연출되어 한국인 청년들은 물론이고 중국군까지 연극에 빠져 웃고 울었다고 했다.

대본은 준엽이 썼고 내용은 노능서 동지의 실화를 바탕으로 했으며 연출은 장준하가 맡았다.

이처럼 준엽과 한광반 젊은이들은 부실한 교육 훈련을 스스로 극

복해냈다. 이들은 중국 육군의 부실한 프로그램대로 편한 훈련이나 받으며 시간을 죽일 생각은 애초에 없었다. 그들에게 군복은, 그리고 훈련은 주어진 의무가 아니었다. 스스로 목숨을 걸고 선택한 '광명의 길'이었다. 그랬기에 스스로 교양 강좌를 열었고 잡지를 만들었으며 그들의 의지를 담아 연극까지 무대에 올린 것이다. 젊은 그들에게 현실은 큰 장애물이 되지 못했다.

잘 단장된 린취안 제4중학교 교문 앞에 한참을 서 있었다. 진 기사는 이미 돌려보냈다. 비록 준엽과 한광반을 기억하고 기록한 안내문이나 비석은 발견하지 못했지만 전혀 아쉽지 않았다. 이곳 린취안에서의 약 3개월, 한광반에 입교한 준엽의 감격, 젊은 한광반 대원들의 열정은 고스란히 느낄 수 있었다. 아니 느꼈다고 믿었다.

식민지 청년 준엽의 20대는 뜨거웠는데 나의 20대는 어떠했던가? 짧은 순간 수많은 기억이 지나갔고, 그리고 아쉬웠다.

린취안臨泉을 떠나며

당시 한광반은 4개월 과정이었다. 1944년 11월 하순, 준엽과 동지들은 한광반 졸업식장에 섰다. 다른 청년들은 4개월 과정을 이수했지만 뒤늦게 합류한 준엽 일행은 겨우 약 70일 정도만 교육을 받았다. 그런데도 졸업식은 함께 치렀다.

졸업식에서도 준엽 등 한국 청년들은 차별을 받았다. 중국군들은 대규모 모의 작전훈련과 사열과 분열식 등을 선보였지만 한국 청년들은 기념행사로 연예회를 하라는 요구를 받은 것이다.

말하자면 분열, 사열 등 군사적 이벤트 대신 '학예회'를 하라고 한 것이다. 그래도 한국 청년들은 성의껏 학예회를 마련했다. 연설과 독창, 연극, 승무 등을 준비했다. 준엽은 중국어 연설과 앞서 얘기한 연극 '광명의 길' 각본까지 맡았다.

연극은 졸업식 전야에 선보였다. 중국군 제19집단 사령관, 린취안 군관학교장 등 장성급들과 교관과 중국군들이 빼곡하게 객석을 채운 상태에서 막은 올랐다.

연극의 주인공은 각본의 실제 모델인 노능서가 맡았다. 그런데 학병 역할의 노능서가 일본군에게 얻어맞는 장면이 있었는데 얼마나 생생하게 맞았든지 통역을 통해 연극 내용을 따라가던 중국군들이 함께 울고 웃으며 호응했다.

이제 준엽과 동지들은 중국군 육군 소위가 되었다. 그리고 이들 앞에는 선택이 놓여 있었다. 교관이었던 김학규 주임은 준엽 등 한국 청년들이 린취안에 남기를 바랐다. 김학규 주임이 임시정부로부터 부여받은 주요 임무는 초모, 즉 한국광복군 병력을 모집하는 것이었다.

실제로 대한민국 임시정부는 한국광복군을 창설하면서 3개 사단을 목표로 하고 있었다. 김 주임 입장에서는 70여 명에 이르는 유능

한 청년 간부를 확보했으니 적어도 1개 연대는 편성할 수 있다고 여긴 것이다.

그러나 준엽과 장준하 등 동지들의 생각은 달랐다. 그는 처음의 목표대로 충칭에 있는 임시정부로 가겠다고 자신의 의사를 밝혔다. 김학규 주임은 극구 반대했다. 임시정부에 가봤자 노인네들의 세력 다툼과 당파 싸움밖에 볼 게 없으니 남아서 일본군과 함께 싸우자고 했다. 그러나 준엽 역시 고집을 꺾지 않았다.

김 주임의 입장을 이해하지만 어릴 적부터 동경하던 임시정부를 직접 눈으로 보고 싶었으며, 김구 등 독립운동 원로들도 만나보고 싶었다. 임시정부와 광복군 총사령부를 직접 본다면 무엇을 해야 할지 정확한 방향과 계획도 세울 수 있을 거라고 준엽은 생각했다.

만약 임시정부에 당파 싸움이 있다 하더라도 그들이 도착하면 이것도 극복할 수 있을 거라고 준엽과 동지들은 자신했다.

1944년 11월 22일, 준엽을 포함한 53명 일행이 충칭을 향해 떠났다. 학도병 23명과 청년들 그리고 6명의 여성과 3명의 아이도 포함돼 있었다. 일본 점령지에서 장사하던 세 쌍의 부부와 아이들, 그리고 오광선 장군의 딸과 두 명의 여성 공작원이 포함된 일행이었다. 학도병 7명을 포함 20여 명의 젊은이는 김학규 주임과 함께 린취안에 남기로 했다.

입던 여름 군복 그대로, 약간의 밀가루와 부식비가 지급되었다. 11월 하순, 이미 추워지기 시작하는 날씨, 대륙의 바람을 맞으며 그들은 멀고 먼 충칭을 향해 떠났다. 그들의 다음 목적지는 난양南陽이었다. 나의 다음 목적지도 당연히 그곳이었다.

"숙소 잡아요?"

"아직 안 잡았어?"

"금방 돼요."

녀석이 핸드폰을 열더니 다시 물었다.

"어디로 잡아요?"

"우선 난양까지 가는 교통편부터 알아봐."

핸드폰으로 검색을 하던 녀석의 표정이 점점 어두워졌다.

"주마뎬駐馬店으로 가서 난양으로 가야 하는데 없쎄요."

"기차도 없고 버스도 별로 없쎄요."

"지도 줘 봐."

나는 일정을 최대한 줄일 생각이었다. 이곳 린취안臨泉에서 난양南陽까지는 약 200km이다. 일찍 난양에 도착해서 둘러보고 가능하면 다음 목적지인 후베이성湖北省 라오허커우老河口:노하구까지 내처 달릴 생각이었다. 그렇게만 되면 한국에서 예정했던 것보다 하루를 줄일 수 있었다.

지도의 도로망을 보니 린취안 남쪽에 있는 황촨潢川:황천이라는 곳으로 가서 기차든 버스든 갈아타면 될 것 같았다.

"네, 황촨에서는 난양 가는 차 많이 있쎄요."

내가 황촨 경유를 물어보자 녀석이 쉽게 대답했다.

"황촨까지 거리는?"

"음, 130km요. 아침 7시에 가는 차 있어요."

"시간은 얼마나 걸려?"

"여기 보쎄요."

녀석이 핸드폰을 보여줬다. 린취안에서 황촨까지 버스로 약 3시간에서 5시간 걸린다고 버스 회사 홈페이지에 나와 있었다. 3시간에서 5시간? 중국답게 넉넉하게 설정한 건가?

개운치 않았지만 7시 출발이니 10시쯤 황촨 도착해서 갈아타고 서너 시간 간다고 해도 이른 오후면 난양에 도착할 것이다. 후다닥 돌아보고 출발하면 밤에는 라오허커우老河口에 도착할 것 같았다. 준엽 일행은 난양에서 라오허커우까지 걸어서 단 사흘 만에 갔다. 비교적 가까운 거리였던 것이다.

경로를 선택하고 나니 갑자기 기분이 좋아졌다. 숙소는 버스 터미널 근처에 잡았다. 저녁 먹자! 터미널 근처의 작은 음식점 길거리 탁자에 앉았다.

한 무리의 중국 청년들이 웃통을 벗어던진 채 옆 탁자에 앉아 왁자지껄하게 만찬을 즐기고 있었다. 옆 탁자와 같은 음식을 시키라고 했다.

내가 관심을 보이자 중국 청년 중에서 붙임성 좋은 친구가 불쾌한 얼굴로 나의 정체에 대해 물었다. 한국에서 가장 유명한 작가라고 하려다가 그냥 '한궈러韓國人'라고 대답했다. 그러자 그가 '엄지척'을 해 준다. 또 다른 친구는 커다란 잔을 갖고 와 바이주를 가득 따라준다. 더 붙임성이 좋은 친구 같았다. 쭉 들이키자 박수를 쳐준다. 이래저래 기분이 더 좋아졌다.

준엽의 길이 옳았다 1

다음 날 아침, 숙소에서 걸어서 린취안臨泉 버스터미널로 갔다. 행정구역으로는 현 단위인 린취안은 신흥도시 분위기가 났고 버스터미널의 규모는 컸지만 깔끔하다는 인상을 받기 어려웠다. 터미널 매점에서 기름 빵과 두유로 대충 아침을 때우고 황촨潢川행 버스에 올랐다.

그러나 버스에 오르는 순간부터 나는 후회하기 시작했다. 쾌적하고 깨끗한 시외직행버스 정도를 상상했다. 그런데 황촨행 버스는 엔진룸이 운전석 옆에 불쑥 솟아있는 차종이었다. 한국에서는 이미 오래전 사라진 모델로 30인승쯤 돼 보였다.

운전석 대각선 자리에 앉고 뒤를 돌아보니 승객들의 면면은 정감 넘쳤다. 대부분이 노인네들이었다. 그런데 놀라운 사실을 발견할 수 있었다. 대부분의 승객들이 승차권 없이 버스에 오르고 있었다. 그리고는 출입문 상단에 붙어 있는 QR코드에 핸드폰을 터치하는 것이 아닌가?

QR코드는 종이에 흑백으로 인쇄돼 있었다. 이른바 모바일 결제였다. 허름한 노인네들이 최첨단 결제 방식을 능숙하게 사용하는 묘한 부조화가 묘한 느낌을 주었다.

뒤의 짐칸까지 가득 채운 다음, 버스는 7시를 훌쩍 넘겨서 출발했다. 린취안 시내를 이리저리 돌아가던 버스가 다시 어떤 정류장으로 들어갔다. 아마도 시가지 외곽에 있는 간이 정류장인 듯했다.

버스가 잠시 멈추자 녀석이 아랫배를 만지며 후다닥 뛰쳐나갔다. 아마도 아침에 먹은 기름 빵과 두유가 효력을 발휘한 것 같았다. 나는 멀쩡한데 정작 중국인인 녀석이 허둥대고 있었다. 나는 불안했다. 간이 정류장에서 버스가 얼마나 머물지도 모르는데 녀석이 화장실로 사라진 것이다. 기사가 버스를 출발시키면 어떻게 하지? '기다려 달라'가 중국말로 뭐지?

그런데 그야말로 기우였다. 버스 기사는 차에서 내린 지 30분이 지나도 돌아오지 않았다. 녀석도 언제 출발하는지 모른단다. 초조한 나와 달리 버스 안의 승객들 또한 천하태평이었다.

아주 오랜 정차 후에 버스는 후베이성湖北省 황촨潢川을 향해 출발했다. 결과적으로 나는 버스 안에서 심한 노이로제에 시달려야 했다. 130km의 거리를 무려 네 시간에 걸쳐 달리는 동안 버스 기사는 경적을 수천 번도 더 울렸다. 최소 10초에 한 번씩은 경적기를 눌러댔다. 처음엔 그러다 말겠거니 했는데 아니었다. 그럴 수밖에 없어 보였다. 버스가 달리는 길은 왕복 2차선의 낡은 포장도로인데 길가에는 우마차와 자전거, 농기계와 오토바이들이 함께 달리고 있었다.

오토바이는 앞에 자기보다 속도가 느린 물체들이 나타나면 뒤도 돌아보지 않고 추월을 하기 위해 버스 앞으로 끼어들기를 주저하지 않았다. 당연히 버스는 자신의 존재를 알리기 위해 경적기를 사용할 수밖에 없었다.

길가에는 옥수수 따위를 그대로 말리는 경우도 적지 않았다. 버스는 제 속도를 낼 수 없었고 거기다가 완행이었다. 어디서나 정차하고 승객을 내리고 태웠다. 휴게소도 따로 없었다. 누군가 기사에게 뭐라고 하자 오래지 않아 시골 주유소 앞에 차를 댔다. 나도 후다닥 내려 주유소 화장실로 달려갔다가 그냥 두어 시간 더 참을 걸 하는 후회를 달고 나왔다.

약 세 시간에서 다섯 시간 걸린다던 버스는 네 시간 만에 황촨에 도착했다. 버스 회사의 인터넷 안내는 틀리지 않았다. 당연히 갈아타려고 했던 버스는 떠나고 없었고 다음 버스는 오후 두 시에 있단다. 그런데 난양南陽까지 네 시간이 걸린단다.

난감해하고 있는데 택시 기사 하나가 다가왔다. 난양 간다는 말에 신양信陽까지 기차 타고 가서 거기서 난양 가는 콜택시를 타면 된단다. 신양에서 난양까지 택시비는 1인당 50위안이란다. 이런 고급 정보를 주시다니…. 신양 가는 기차는 11시 20분에 있다고 하니, 기차 탈 시간이 약간 빠듯하다.

"여기서 신양까지 당신 택시로 가면 얼마 받을 거냐?"

"1인당 200위안!"

"둘이 150위안이면 생각해 보겠다."

"절대 안 된다. 둘이 350위안!"

안 타기로 했다. 황촨에서 신양까지 열차 요금은 1인당 16위안 50전이었다.

"황촨역까지 얼마냐?"

"20위안."

"가자!"

그런데 택시는 버스터미널에서 황촨역까지 정확하게 4분 30초 만에 도착했다.

4분 30초에 20위안이었다. 당했다!

황촨역에 도착해서 녀석은 기차표를 사고 나는 컵라면을 사서는 후다닥 기차에 올랐다.

황촨에서 신양까지 기찻길로 약 150km, 한 시간 반 걸린단다. 자리를 잡고 앉아 객실에 마련된 온수를 컵라면에 따르고 기다렸다. 후회가 밀려왔다. 그냥 주마뎬인가 하는 곳을 들러서 바로 갈 것을…. 인터넷에 뜬 정보를 그대로 믿고 한두 시간 일찍 도착하려다가 벌써부터 낭패를 맛보고 있었다.

녀석과 둘이서 컵라면을 신나게 먹는데 중국 청년 하나가 자꾸만 우리를 힐끔힐끔 바라보고 있었다. 뭔가 궁금한 것이 많은 눈치였다. 내가 녀석에게 눈짓을 하자 녀석이 그 청년과 한참 뭔가 대화를 나누었다.

그런데 녀석의 표정과 자세가 갈수록 삐딱해지고 있었다. 녀석이 뭔가 길게 말하면 중국인 청년은 그저 고개만 끄덕이고 있었다. 참다못해 내가 물었다.

"뭔 얘기해?"

요약하자면 중국 청년은 녀석의 가이드 일에 관심이 많다며 돈 많이 버냐고 묻더란다. 녀석이 거드름을 피우며 대답했단다. 많이는 못 벌고 하루에 1,000위안[한화 17만 원] 정도 벌고 손님과 함께 맛있는 거 먹고 좋은 호텔에서 잔다고 했단다. 그러자 청년이 어떻게 하면 가이드가 될 수 있냐고 물었고 녀석은 외국어[한국어] 공부를 열심히 하라고 했단다. 중국 청년은 녀석의 말을 온전히 믿는 눈치였다.

한국인 한 사람만 가이드를 하는 녀석, 나의 풍채를 살핀 중국 청년은 틀림없이 '한국에서 제일 유명한 작가'인지는 모를 테지만 돈이 많은 작가라고 믿는 듯했다. 믿을 걸 믿어야지! 그런데 그 청년의 눈빛이 너무도 진지해서 내가 미안해질 지경이었다.

하루에 1,000위안 좋아하시네! 나흘만 하면 중국 공무원 월급이라고? 조선족인 녀석은 그런 허풍으로 한족 청년의 기를 꺾고 싶었는지도 모를 일이다. 그래, 맘껏 해 먹어라!

차창 밖에는 비가 내리는데 녀석의 허풍은 청년이 내릴 때까지 계속되었다. 청년이 내리자마자 녀석은 잠이 들었다. 힘들었나보다!

준엽의 길이 옳았다2

신양信陽역에 도착하니 오후 한 시 반, 여기서는 콜택시가 가능하다고 했겠다! 신양에서 난양까지 검색해보니 97km이다. 황촨의 기사는 1인당 50위안이면 갈 수 있다고 했는데 아무래도 더 달라고 할 것 같았다.

귀신처럼 냄새를 맡은 택시 기사가 다가온다. 난양 간다니까 신양역에서는 난양으로 가는 택시가 없고 새로 생긴 고속철도역으로 가야 한단다.

"거기서 난양까지 얼마 받느냐?"

"1인당 130위안."

"1인당 50위안이라고 들었다."

"그건 모르겠고 1인당 100위안인데 내 소개료가 30위안이다."

솔직해서 좋다. 일단 그 택시를 타고 신양에서 신양고속철도역으로 갔다. 고속역사 뒤편 도로에 전세 영업하는 차량이 즐비했다. 우리는 곧 다른 기사한테 인계되었다.

그런데 이것이 총알택시와 비슷했다. 7인승 승합차에 손님을 다 채워야 출발한단다. 일행은 넷, 아직은 손님 세 분을 더 모셔야 한다. 얼마쯤 걸리냐니까 10분 후에 출발할 수 있단다. 중국의 10분은 길었다. 한 30분이면 출발하겠지 했는데 여전히 기사는 호객에 정신이 없다.

거의 한 시간을 차 안과 밖을 오가며 기다렸으나 도무지 출발할 낌새조차 없었다. 기어코 폭발하고 말았다.

"짐 다 내려!"

나는 트렁크를 열고 내 배낭부터 내렸다. 녀석이 눈이 똥그래서 쳐다본다.

"다른 차 불러! 500위안이라도 간다고 해!"

"너무 비싸요."

"불러!"

그러자 호객하던 기사가 다가와 뭐라고 사정을 한다. 우리 둘을 놓치면 오늘 영업이 끝장날지도 모를 일, 기사는 절박해 보였다. 안됐다는 생각이 들었지만, 후퇴도 질서가 있어야 하는 법! 일단 심호흡 한 번 하자 녀석이 눈치껏 배낭을 다시 싣는다.

그러고도 한 시간 정도 더 흘렀다. 난양을 거쳐 라오허커우老河口까지 가겠다는 계획은 이미 물 건너갔다. 난양까지라도 무사히 갈 수 있으면 좋겠다!

예상보다 두어 시간이나 지나서야 마침내 출발한 차량, 난양까지 세 시간 걸린단다. 아니 97km에 세 시간이라니? 시골 완행버스보다 더 느리지 않은가? 다른 지역에서 다른 차에 또 인계한단다. 이제 뭐가 뭔지도 모르겠다.

한 시간 반쯤 달리니 '동백현'이라는 마을이 나온다. 이름은 예쁘다. 거기서 다른 차량으로 옮겨 타란다. 마치 그 옛날 중국 유격대가 준엽 일행을 넘겨주듯 우리도 그렇게 영문 모르고 다른 차에 올랐다. 오르고도 또 한참 동안…, 승용차 손님 5명을 모두 채울 때까지….

난 포기했다. 이윽고 차가 출발하자 가이드 녀석과 뚱뚱한 운전기사가 대판 싸우기 시작한다.

"아, 도둑놈!"

"왜?"

"국도로 안 가고 고속도로로 간다고 10위안씩 더 내래요."

검색해보니 고속도로로 가면 50km쯤 더 돌아가는 것으로 돼 있었다. 아마도 거리를 충분히 늘려잡고 바가지를 씌우는 전략인가 보다. 고속도로를 달렸다. 기사는 운전 내내 핸드폰으로 통화를 해댔다.

하필이면 추석, 그런데 고속도로가 마치 미개통인지 마냥 한산했다. 지금쯤 한국의 고속도로는 난리가 났을 텐데, 시안西安에서 상하이上海까지 연결한다는 대륙 관통 고속도로는 중추절인데도 한산하기만 했다.

도로비가 워낙 부담스러워서 웬만하면 중국인들은 고속도로를 피

한다. 덕분에 시원하게는 달렸다. 그리고 마침내 도착한 난양. 린취안臨泉 숙소를 나선 지 꼬박 열두 시간 만이었다.

숙소부터 잡자. 눈에 보이는 대로 호텔로 들어갔는데 외국인은 안 받는단다. 녀석은 그 이유를 알아오지 못했다. 겨우겨우 검색해서 첫날 잤던 호텔과 똑같은 이름을 가진 호텔 침대에 배낭을 집어 던졌다.

김학규 주임의 잔류 권유를 뿌리친 채 린취안을 떠난 53명의 준엽 일행은 보름 만에 난양南陽에 도착했다. 준엽은 서쪽만 보고 걸었다. 임시정부가 있는 충칭을 향해 우직하게 걸었다. 나는 몇 시간 줄여보겠다고 옆길을 선택했다가 적잖은 낭패를 당했다. 준엽의 길이 옳았던 것이다.

준엽, 제갈공명을 만나다

난양南陽이 가까워지자 준엽은 또 다른 감회에 젖어 들었다. 이미 첫눈이 내리기 시작하는 1944년 12월 초, 준엽이 걷고 있는 곳은 옛날 촉나라 땅이었다. 그 유명한 삼국지의 세 영웅이 세운 나라. 유비, 관우, 장비가 갖은 고행 끝에 세운 나라가 촉나라였다. 위·촉·오의 삼국시대를 주름잡던 영웅들. 그들 중에 준엽이 가장 '꽂혀' 있던 인물은 제갈량이었다.

유비가 세 번이나 찾아갔다는 당대 최고의 지략가 제갈량, 그 유명한 천하삼분지계를 제시하고 유비가 촉을 세우는데 결정적인 역할을 한 인물이다. 유비가 죽은 뒤에는 그의 유지를 받들어 북벌을 추진했고, 유명한 두 편의 출사표를 남긴 인물…. 역사학도 준엽에게 제갈량은 각별했다.

난양南陽 도착을 하루 앞둔 날 밤, 준엽은 설레었다. 난양 가까이에 제갈량의 사당이 있다는 것을 알고 있었다. 준엽은 꼭 그 사당에 들르고 싶었다. 산둥성에서 태어난 제갈량이 자란 곳이 바로 난양이었고 그래서 '와룡강臥龍崗'이라는 제갈량의 사당이 이곳에 있었던 것이다.

다음 날 아침 준엽은 선발대를 자청했다. 동료들에게 제갈량 사당 이야기를 했으나 아무도 귀담아 듣지 않았다. 오직 장준하만이 준엽의 뜻을 알아차렸다.

앞서가던 준엽과 장준하는 대열을 이탈하여 제갈량 사당을 향해 달렸다. 그들의 행로에서 제갈량 사당은 약 15리 정도 떨어져 있었다고 준엽은 술회했다. 사당에 들렀다가 다시 대열에 합류하기 위해서는 왕복 30리를 달려야 했다.

당시 준엽이 찾았을 때 사당은 장터였다고 했다. 사당 건물은 다방으로 쓰이고 있어 호박씨, 수박씨 등의 쓰레기가 사방에 흩어져 있었다고 했다.

헐레벌떡 달려간 제갈량의 사당에서 준엽은 출사표 비석부터 찾았다. 준엽은 출사표 비석 뒷면의 글씨를 쓰다듬었다. 마치 공명과 직접 대면이라도 한 느낌이었다고 했다.

젊은 준엽의 모습을 머릿속에 그릴 때마다 나는 이 장면이 가장 인상 깊었다. 조국 광복을 위해 목숨을 바치겠다던 젊은 준엽. 그러나 한편으로는 역사학도로서의 호기심과 학구열을 간직하고 있었다. 평소 흠모하고 보고 싶던 제갈량의 사당을 향해 달려가고, 가쁜 숨을 헐떡이며 높다란 사당을 올려보던 준엽의 시선, 장터가 돼버린 사당 마당에서 느꼈던 실망감, 제갈량 초상화 앞에서 가졌던 경외감, 그리고 차가운 와룡비를 쓰다듬으며 출사표를 한 자 한 자 읽어가던 젊은 준엽의 초롱한 눈망울…. 이 모든 영상이 늘 선명하게 떠올랐고, 떠올릴 때마다 나는 눈시울이 뜨거워졌다.

난양南陽 중국군 사령부 옛터

난양南陽에 도착한 준엽 일행은 시 외곽의 어느 마을의 헛간을 숙소로 배정받았다. 당시 난양에는 중국 육군 제5전구 산하 중앙군 보급창과 사령부가 있었다. 준엽 일행은 난양에서 약 10일을 머물렀다. 이렇게 오래 머문 이유는 필요한 보급을 받지 못해서였다. 이제 준엽 일행은 어엿한 중국 육군 장교였다. 당연히 중국군으로부터 보급을 받을 권리가 있었다.

준엽은 진경성 교관과 함께 일행의 대표가 되어 난양 사령부를 뻔질나게 찾아갔다. 필요한 보급을 요청했으나 번번이 총사령관이종인 장군의 지시가 아직 내려오지 않았다는 대답만 들었다.

난양에 도착한 다음 날, 나는 준엽이 드나들었던 난양 사령부 건물을 찾아갔다. 옛 사령부는 구舊시가지에 있었다. 길 양쪽에 빽빽하게 들어선 아름드리 가로수들이 퍽 인상적이었다. 때맞춰 가을비까지 추적추적 내리고 있었다. 중원에서는 좀체 보기 드문 가을비라고 했다.

옛 사령부 건물은 중국의 직업학교로 바뀌어 있었다. 정문 안을 기웃거리자 경비원이 나타났다.

"무슨 일이냐?"

"여기가 옛날 군대가 주둔했던 곳인가?"

"그렇다고 하던데 나는 모른다."

"안에 좀 들어가 볼 수 있나?"

"왜?"

"한국에서 왔는데 옛날 어른들의 흔적을 좀 보려고 그런다."

"안 된다."

"그러지 말고 구경 한번 하자. 내가 오니까 비까지 오지 않느냐?"

통역을 하던 녀석이 정색을 하더니 나에게 말했다.

"하지 마세요. 농담 몬 알아들어요."

"전에도 한국 사람 왔느냐?"

녀석을 통한 나의 질문 공세가 쏟아지자 경비원이 안쪽에다 소리를 질렀다. 그러자 다른 경비원 하나가 다가왔다. 처음 만난 경비원은 내가 골치 아팠던 모양이다. 나는 새로 온 경비원한테 모든 질문을 다시 할 수밖에 없었다.

"전에도 한국 사람들 왔는데 여기서 사진만 찍고 갔다."

"혹시 안에 옛날 건물이 있는가?"

"청나라 때 건물이 하나 있긴 하다."

귀가 번쩍 뜨였다. 청나라 때 건물이라면 준엽이 드나들었을 수도 있었을 것이다. 그 건물을 꼭 보고 싶었다. 비장의 무기를 꺼내기로 했다. 배낭을 내려놓고 손을 집어넣어 안을 뒤적거렸다. 내가 뭔가 뒤적거리자 두 경비원이 깊은 관심을 보였다. 나는 배낭에서 담배 두 갑을 꺼내 그들 손에 한 갑씩 쥐여 주었다.

"이거, 한국에서 가장 비싼 담배다."

효과는 금방 나타났다. 셋이서 함께 담배를 나눠 피우자 경비원들이 말했다.

"커이[可]!"

안으로 들어가도 좋다는 뜻이었다. 나는 행여나 하는 마음에 핸드폰을 보여 주며 사진 찍는 시늉을 했다. 역시 '커이'였다.

나는 연신 '쎄쎄'를 연발하며 조심스레 학원 안으로 들어섰다. 높고 하얀 사각 콘크리트 건물 몇 채가 빼곡한 창문을 달고 서 있었다.

학원은 수업 중인지 조용했다.

학원 안으로 들어서자마자 농구대가 서 있는 공터 왼쪽 저쪽, 한눈에도 세월이 느껴지는 낡은 건물이 하나 서 있었다. 회색빛 중국 기와를 인 지붕, 아치형 출입구를 가진 오래된 건물, 준엽이 드나들었던 중국군 중앙보급창 사령부 건물이 틀림없었다. 건물은 쇠락했지만 디자인이나 구조, 그리고 크기가 만만찮았다. 육군 사령부로는 손색없는 규모의 건물이었다.

가까이 다가가자 회색 벽돌 벽에 표지판이 하나 붙어 있었다. '찰원구지察院旧址' 짐작건대 전쟁이 끝난 후에는 법원과 검찰청 건물로 사용된 듯했다. 안으로 들어가려 했으나 출입금지였다. 지금은 너무 낡아 폐쇄된 상태라고 했다. 정문을 통해 들여다본 정원은 전형적인 중국풍이었다.

나는 둥근 아치형 문 앞을 오래 서성였다. 준엽도 이 문을 뻔질나게 드나들었다. 중국군의 보급이 필요했던 준엽 일행, 일행의 대표로 뽑힌 준엽과 진경성 교관은 거의 출근하다시피 이곳 사령부를 드나들었다. 그러나 보급품 교섭은 몇 차례나 결렬됐다.

'제5전구 사령관 이종인 장군의 승인이 나지 않았다.'

이것이 중국군이 내세운 이유였다. 교섭이 결렬될 때마다 준엽은 괴로웠다.

* 난양南陽에 있는 중국군 사령부 건물.
김준엽이 보급을 요구하기 위해 드나들던
곳이다.

옛 사령부 문 앞을 서성이는데 처음 만났던 경비원이 주춤주춤 다가왔다. 아마도 예상보다 내가 더 오래 머물렀던 모양이다. 약간은 민망해하는 그의 표정을 보니 아직도 '담배 한 갑' 효험은 남아 있는 것 같다. 나는 다음에 다시 만나자며, 그때는 꼭 나를 기억해달라며 굳은 악수를 하고 헤어졌다.

중국군 옛 사령부를 나서자 거리의 모습이 새삼스레 다가왔다. 그 옛날 준엽이 드나들었을 때도 저 가로수들은 아름드리였을까? 중국군과의 교섭이 결렬된 다음 빈손으로 이 사령부를 나와 터덜터덜 동지들에게 돌아가던 준엽의 뒷모습이 떠올랐다.

또 다른 항일 투쟁

중국군 사령부의 보급을 기다리는 나날은 초조하고 무료했다. 그러나 준엽 일행은 이 시간조차 허투루 쓰지 않았다. 당시 난양南陽에는 10여 개의 중·고등학교가 있었다. 준엽 일행은 이곳의 중국 학생들에게 시국 강연을 하기로 했다. 학생들에게 일본 침략의 실상을 알리고 항일 의지를 북돋아 주자는 구상이었다. 동시에 한국독립에 대한 지지도 확보하려는 의도였다.

중국 중원의 10대 학생들에게 한국독립 지지를 얻는 것, 그 효과가 언제 어떻게 나타날지는 아무도 몰랐다. 학교들도 적극적이었다. 때맞춰 중국 정부는 '10만 학도 종군운동'을 전개 중이었다. 장제스蔣介石 국민 정부도 지식 수준이 높은 학생들로 정예군을 양성할 계획을 실행하고 있었던 것이다.

준엽 일행이 중국군 장교 신분으로 각 학교를 다니며 강연을 하자 난양 지역 지방 정부에서도 깊은 관심을 보이기 시작했다. 특히 이들이 대학생 신분이라는 것이 매력으로 작용했다. 중국 측에서도 충분한 선전 효과가 있는 준엽 일행이었다.

'보아라, 한국의 대학생들은 스스로 항일 투쟁 전선에 나섰다. 우리 중국 청년들은 그냥 앉아 있을 것인가!'

준엽 일행이 린취안臨泉의 군관학교에서 연극을 했다는 이야기를 들은 지방 정부는 그 연극의 공연을 요청했다. 준엽 일행이 마다할 이유가 없었다. 그리하여 고등학교와 시민회관 등에서 모두 세 차례나 공연을 했다. 연극은 역시 '광명의 길'이었다.

준엽 일행의 공연은 대성황을 이뤘다. 중국 당국이 적극적으로 지원에 나서자 시내 곳곳에 '환영 한국광복군' 현수막이 내걸렸고 각 기관들도 앞다투어 현수막을 내걸었다. 연극에 감명받은 중국 청년 학생들이 준엽 일행의 숙소까지 찾아와 함께 싸우겠다는 의지를 밝히기도 했다. 뜻밖의 소득도 있었다. 준엽 일행을 위한 중국인들의 모금 활동이 벌어져 적잖은 일용품과 돈이 전달되었다. 작은 식당에서 두부탕을 사 먹으며 준엽 일행은 뿌듯해 했다. 특히 준엽한테는 단비와 같은 수입이었다. 팬티를 사 입을 수 있었던 것이다.

준엽 일행의 활약에 중국군 사령부의 태도도 급변했다. '학생 종군운동'에 큰 도움이 됐다는 치하와 함께 '이종인 사령관'의 지시가 있었다는 이야기를 들었다.

그 지시는 다름아닌 다음 기착지인 라오허커우老河口까지 가는데 필요한 식량과 의복, 그리고 약간의 여비까지 지원하는 것이었다. 필요한 보급을 챙긴 준엽 일행은 열흘간의 난양 체류를 마감하고 다시 길을 나섰다. 후베이성湖北省:호북성 라오허커우를 향해 힘차게 길을 나섰다. 그곳까지는 그리 먼 여정이 아니었다.

와룡사당에서

준엽은 난양南陽을 '인구 약 70만 명의 작은 도시'라고 했다. 당시 70만 도시를 작다고 표현할 정도로 준엽은 통이 컸던 것일까! 지금 난양의 인구는 1천 2백만 명이라고 했다. 그 범위가 어디까지 인지는 몰라도 인구 1천 2백만, 서울 인구보다 많은 도시, 도대체 이 많은 인구가 어떻게 먹고 살까? 차창 밖으로 펼쳐진 비 내리는 난양 시가지를 보면서 드는 생각이었다.

난양 역시 건설의 기운이 넘쳐나고 있었다. 높다란 아파트 숲, 하늘 높이 솟아있는 대형 크레인들이 오늘의 중국을 상징하고 있었다. 그러나 여전한 것은 뒷골목이었다. 큰길에서 한 겹만 들어가면 시간은 딱 멈춰 있었다. 중국의 두 얼굴, 심화된 양극화의 양면이었다.

난양도 마찬가지였다. 준엽이 드나들었던 사령부가 있는 난양 구시가지가 꼭 그랬다.

사령부 옛터를 둘러본 다음 나는 곧바로 택시를 타고 제갈량의 사당 와룡강으로 향했다. 일행에서 이탈하여 장준하 동지와 함께 준엽이 달려간 바로 그곳이었다. 녀석은 시간이 빠듯하다며 투덜거렸지만, 그곳만은 꼭 가보고 싶었다. 젊은 역사학도 준엽이 한걸음에 달려갔던 제갈량의 사당, 그때 느꼈을 준엽의 심경 한 조각이라도 만져보고 싶었다.

제갈량 사당은 시내에서 택시로 20여 분 거리에 있었다. 비가 내리는 궂은 날씨인데도 사당 주차장에는 많은 차량이 주차돼 있었다. 사당 입구 왼쪽에는 커다란 돌에 '와룡강'이 새겨져 있었고 사당 입구는 높다란 언덕 위에 있었다. 숨이 차서 달려온 준엽도 이렇게 사당을 올려다 봤을 것이다.

계단을 따라 올라서자 매캐한 향냄새가 먼저 반긴다. 계단 중간에는 높다란 석조 구조물이 서 있었는데 '천고입룡千古入龍'이란 붉은 글씨가 새겨져 있다. 석조 구조물을 지나자 양쪽 날개를 바짝 세운 팔작지붕의 사당 입구가 나타난다. 사당 입구지만 입장권 판매처로도 쓰이고 있다. 길 끝에는 다시 붉은 벽을 가진 사당 내문이 나타난다. 심호흡하고 그 문 안으로 들어선다.

* 난양南陽 외곽의 와룡정. 김준엽과 장준하가 한걸음에 달려간 제갈량 사당이다.

제갈량 사당은 말끔하게 정비돼 있었다. 때마침 비까지 내리고 있어 사당 안의 분위기는 고즈넉하고도 엄숙했다. 중국 관광객들도 비교적 조용히 사당을 둘러보고 있었다.

드디어 사당 경내, 엄청난 크기의 향로가 서 있고 노파 하나가 기다란 향을 꽂고 있다. 빗속에서 저 노파는 제갈량에게 무엇을 빌고 있을까?

사당 안을 조심스레 들여다보다가 깜짝 놀랐다. 정면에 엄청난 크기의 제갈량 좌상이 엄정하게 모셔져 있었다. 황금빛 옷을 걸치고 오른손에는 커다란 부채를 든 제갈량이었다. 하얀 얼굴과 검고 긴 수염, 이 인물을 만나기 위해 유비는 세 번이나 그의 초막을 찾았고 젊은 준엽은 숨이 턱 위까지 차도록 달려온 것이다. 사당 내부 천장에는 수많은 현판이 세월을 뒤집어쓴 채 걸려 있다. 제갈량을 묘사하고 칭송하는 글귀들일 것이다.

좌상을 봤다는 기록을 남기지 않은 것을 보니 준엽이 이 사당을 찾았을 때 이 좌상은 없었던 모양이다. 나는 사당보다는 준엽이 직접 쓰다듬었다는 제갈량의 출사표 비석을 보고 싶었다. 그런데 그게 어디 있는지 도무지 알 길이 없었다. 녀석이 알 리도 만무했다.

나이 지긋한 탐방객들에게 물었으나 모두가 모른다는 대답뿐이었다. 난감했다. 중국의 어느 유적지나 마찬가지지만 제갈량 사당 역시 그 넓이가 압도적이었다. 어떻게 찾는단 말인가? 결국, 직접 헤매고 다니는 수밖에 없다.

드넓은 사당 경내를 이리저리 돌아다니다 삼고당三顧堂이라는 문을 발견했다. 유비가 제갈량을 찾아온 장면을 인형으로 재현해 두고 있었다. 몇 번째 만남을 묘사한 것인지 모르겠지만 그들 뒤로는 병풍이 쳐져 있었는데 낯익은 글귀가 보였다.

담박이명지澹泊以明志 영정이치원寧靜以致遠. '욕심 없고 마음이 깨끗해야 뜻을 밝게 할 수 있고, 마음이 편안하고 고요해야 뜻을 이룰 수 있다.' 제갈량이 쓴 글귀다. 금강산 어느 절벽에도 저 글귀가 깊게 새겨져 있었지. 두 글귀의 마지막 글자를 따서 지은 이름이 생각났다.

아들 녀석 이름이다.

나는 준엽이 본 출사표 비석을 찾고 있었다. 준엽은 사당을 나와 와룡비를 찾았다고 했다. 그래서 나는 그 와룡비가 야외에 있다고 지레짐작하고 있었다. 그런데 아니었다. 기어코 찾아낸 와룡비는 전

* 와룡정 내부에 있는 출사표 비석. 김준엽은 이 비석을 오랫동안 들여다 봤다.

각 안에 잘 모셔져 있었다. 역시 제갈량 동상 앞에 서 있는 와룡비, 거대한 크기의 비석을 예상했던 나는 약간 실망했다.

모양새도 아무런 장식 없이 널찍하고 낮았다. 얼핏 창녕의 진흥왕 순수비와 비슷했다. 비석 면도 긁힌 자국들이 즐비했다.

준엽은 비석 뒷면에 새겨진 출사표를 꼼꼼히 살폈다. 나도 그렇게 해봤다. 전출사표前出師表였다. 중국 역사상 최고의 명문장으로 손꼽히는 제갈량의 전출사표, 두 개의 출사표 중에서 먼저 쓴 것이었다.

준엽은 방치되다시피 한 이 와룡비 앞에 꽤 오래 머물렀다. 제갈량의 출사표를 이리저리 꼼꼼히 살피는 준엽을 보면서 동지 장준하는 또 무슨 생각을 했을까? 장준하는 준엽보다 다섯 살 위였다. 동지가 아니라 형으로서 준엽의 등을 바라보는 장준하의 마음 또한 '짠' 했을 것이다. 좋은 시절을 만났다면 목숨 걸고 독립투쟁에 나서는 대신 두툼한 노트를 들고 이 비석을 쓰다듬었을 역사학도 준엽이었을 것이다.

열차 시간을 독촉하는 녀석의 성화에 쫓기다시피 와룡비 앞을 물러났다. 내려오니 아쉬웠다. 준엽도 꼭 다시 이곳을 찾으리라 다짐했을 것이다. 와룡사당에는 여전히 비가 내리고 있었다.

내려오다 보니 올라갈 때 보지 못했던 호수가 보였다. 와룡담, 호수라기보다는 연못에 가까운 크기였다. 인공 연못인 것 같았다. 물

위에 동그랗게 파문을 그리는 빗줄기를 잠시 바라보다 와룡사당을 떠나왔다.

그 날 준엽은 일행을 따라잡기 위해 또 달려야 했다. 나는 택시를 잡기 위해 뛰어야 했다.

물과 꽃의 고장, 라오허커우

다음 목적지는 라오허커우老河口. 난양에서 뜻밖에 환대를 받고 경험을 한 준엽 일행은 들떴다. 사기가 치솟았고 용기 백배했다. 준엽 일행은 사흘을 걸어 라오허커우에 도착했다. 비교적 가까운 거리였다.

그러나 나한테는 또 난감한 여정이었다. 난양에서 라오허커우로 바로 가는 교통편이 없다고 했다. 일단 열차를 타고 덩저우鄧州:등주로 가서 거기서 또 어떻게 어떻게 해서 라오허커우로 가야 한단다.

헐레벌떡 기차역으로 달려가 표를 끊었다. 기분이 좋다. 덩저우시까지 약 60km, 기차요금은 11위안으로 2천 원이 채 안 된다. 표를 받고 보니 2호차다. 개찰구에서 2호차까지 족히 100미터가 넘는다. 시간이 있다면 도대체 몇 량으로 편성됐는지 세어보고 싶을 정도였다.

나는 배낭을 메고 달렸고 녀석은 제 몸집 만한 여행용 가방을 끌고 뛰었다. 간신히 2호차에 오르니 출발 1분 전, 그런데 2층 열차다. 한 번도 타보지 못한 2층 열차.

"구경이라도 해볼까?"

"그냥 가방 갖고 올라가세요. 자리 가득해요."

다시 짐을 챙겨 2층으로 올라가 봤다. 아닌 게 아니라 열차 안은 텅텅 비어 있었다. 빈자리에 배낭을 던져 놓고 앉아 차창에 기댔다. 창밖에는 여전히 가랑비가 내리고 있었다. 준엽 일행이 뜨거운 대지를 걸을 때 이런 비라도 내려줬더라면 얼마나 좋았을까?

분위기 좋았다. 이런 상태라면 하루 종일 타고 가도 전혀 지루하지 않을 것 같았다. 그런데 이 열차, 움직일 생각을 않는다.

"왜 안가?"

"왜 나한테 물으세요?"

기어코 15분 늦게 출발한다. 그나마 다행이다. 우리로 치면 무궁화호 정도 되는 열차는 천천히 바깥 풍광을 뒤로 뒤로 밀어내고 있었다. 속도감이 좋았다. 빠른 열차가 도입되면서 여행은 사라지고 이동만 남은 세태, 오랜만에 맛보는 속도감이었다. 그러나 그 맛은 단 45분 만에 끝나고 말았다.

덩저우鄧州역에 내리니 다시 막막해졌다. 덩저우에서 라오허커우까지 120km인데 버스가 없단다. 선택의 여지가 없다. 택시 기사 면접을 꼼꼼히 봤다. 서너 대를 보내고 그나마 순박해 보이는 기사를 섭외했다.

덩저우에서 라오허커우까지 가는 길 역시 험난했다. 가랑비는 오락가락하고 있었으며 길은 좁고 낡았다. 택시는 제 속도를 내다가 말다가를 반복했다. 군데군데 움푹 팬 곳도 적지 않았다. 특히 마을을 지날 때는 물웅덩이들이 더 많았다. 통행량은 많고 도로 보수는 소홀하다 보니 그런 것 같았다.

가면서 내일 여정을 속으로 따져보니 장거리 택시를 한 번 더 이용할 수밖에 없었다.

"물어보셔!"

"뭘 물어요?"

"라오허커우에서 자고 내일 우리와 함께 다닐 수 있는지 물어봐."

녀석과 기사가 몇 마디 나누더니 기사가 나를 보고 엄지척을 해준다.

"라오허커우에서 자겠대?"

"아뇨 집에 갔다 온대요."

"이 동네서 자는 게 싸지 않아? 왕복 기름값이 더 들 텐데."

"몰라요."

그렇게 두 시간을 달려 라오허커우에 도착하여 예약해 둔 호텔로 들어섰다. 여정 닷새째, 제일 으리으리한 호텔이다. 나중에 돌아와서 검색해보고 안 일이지만 그동안 내가 묵었던, 아니 나를 묵게 했던 방들은 한국 돈으로 기껏 2~3만 원짜리였다. 지금은 거의 없어졌지만 한국의 여인숙 수준이었다.

나의 여행 경비에서 '가이드 분' 몫이 어떻게 배분되는지는 알 수 없었고 알고도 싶지 않았다. 그것을 알게 되는 순간 어떤 불신이 생길 것 같았기 때문이다. 어쨌건 돌이켜보니 녀석은 적당한 수준에서 나한테 최대한 값싼 숙소를 제공한 것은 틀림없었다.

그런데 라오허커우의 호텔은 달랐다. 최소한 20층은 더 돼 보였으며 무엇보다 전망이 좋았다. 배낭을 던져 놓고 커튼을 젖히니 눈앞에 드넓은 강이 펼쳐져 있었다. 가랑비 탓에 흐릿한 강, 운치가 넘쳤다.

호텔 안내 책자에 보니 '물과 꽃의 고향 라오허커우'라고 돼 있다. 그런데 강 이름이 더 놀랍다. 한강漢江이었다. 한자까지도 서울의 한강과 똑같았다. 강폭은 한강보다 좀 더 넓어 보였는데 이 한강은 좀 더 흘러 내려가 양쯔강과 합류하는 강이라고 했다.

호텔 정문으로 나가니 저녁 시간, 관광객은 보이지 않고 현지인들만이 호텔을 드나들고 있었다. 덕분에 호텔은 한산했다. 늙수그레한 도어맨이 있어 말을 붙여 봤다. 핸드폰 통역 기능을 켜고 몇 마디 나누다가 포기하고 말았다. 말로 통하지 않아 글자로 보여줬더니 난감한 표정을 짓는다. 아직 중국 천자문을 다 못 뗀 것 같았다.

"여기 아무거나 먹어도 되쎄요!"

녀석이 뷔페를 가리키며 의기양양하게 말했다. 비싼 호텔 탓에 아마 속은 좀 쓰렸을지 모른다.

"바이주도 공짜야?"

"그건 아임돠!"

"그래도 먹을란다."

"에?"

파란만장했던 준엽의 라오허커우

준엽 일행이 도착할 당시 라오허커우老河口는 중국 국민 정부의 군사적 요충지였다. 라오허커우만 지나면 파촉령, 그 어마어마한 고개는 천연 요새가 되어 일본군의 서진을 막고 있었다. 따라서 라오허커우는 국민 정부의 최전선 방어선인 셈이었다. 중국 국민군은 라오허커우에 제5전구 사령부를 설치해 두고 있었다.

난양에서 사기충천하여 사흘 만에 도착한 라오허커우, 준엽의 눈에도 당시의 한강은 아름답기만 했다.

준엽은 천생 역사학도였다. 한강변에 자리 잡은 이 도시에서 그가 떠올린 것은 '적벽대전'이었다. 한강과 양쯔강이 합류하는 지점에서 벌어졌던 적벽대전, 제갈량과 손권의 부장이었던 주유가 80만 조조 대군을 격파한 대전, 특히 제갈량의 화공으로 유명한 바로 그 전투를 준엽은 떠올렸다. 뿐만 아니라 8백여 년 이후 소동파가 적벽을 찾아 읊었다는 '적벽가'도 떠올렸다.

역사와 문학의 현장이 가까이 있다는 것만으로도 젊은 준엽의 가슴은 뛰었다. 나도 적벽이 가까운 곳에 있다면 찾아보고 싶었다.

나는 적벽대전 현장이 라오허커우에서 가까운 곳이리라 짐작했다. 그래서 지도를 펼쳐놓고 눈이 빠져라 살폈으나 자위현嘉魚縣:가어현을 찾을 수 없었다. 그러다가 우한武漢:무한시 상류 쪽에서 발견할 수 있었다. 지도상으로도 수백 km는 될 것 같았다. 더구나 나의 여정인 충칭과도 반대 방향이었다. 적벽 방문은 깨끗하게 포기했다.

준엽 일행이 라오허커우에 도착할 당시 이들을 흥분시킨 사실이 있었다. 라오허커우에 광복군 제1지대 파견부대인 광복군 제1구대가 설치돼 있다는 것이었다. 제1구대장 등은 준엽 일행을 뜨겁게 환영했다.

이미 린취안에서 한국광복군 간부훈련을 수료하고 난양에서 강연과 공연 등 맹활약을 벌인 준엽 일행을 환영하지 않을 이유가 없었다. 제1구대는 숙소와 식사까지 제공했기에 준엽 일행은 한결 편하게 머물 수 있었다.

준엽 일행이 라오허커우에 도착한 그날 밤, 일본기의 폭격이 있었다. 한밤중 갑자기 들려온 폭음 소리에 준엽 일행은 숙소를 뛰쳐나가 강변 절벽 아래 엎드렸다. 그런데 폭격은 한강 건너편 군수창고를 목표로 하고 있었다. 일본기 3대의 폭격으로 강 건너가 불타올랐고 강물도 벌겋게 물들었다.

일본기 폭격은 다음 날과 그 다음 날도 이어졌다. 사흘째 폭격 때는 미군 전투기 한 대가 출격하여 일본기 한 대를 격추시키는 전과를 올렸다. 일본기가 떨어지자 수많은 라오허커우 시민들이 그 잔해를 구경하기 위해 몰려들었다. 준엽도 동지들과 함께 구경에 나섰다. 불타 버린 전투기 잔해 속에서 일본군 조종사는 형체도 알아보기 어려울 정도로 처참한 모습이었다.

불에 타서 오그라붙어 있었다고 했다.

그런데 준엽 일행한테 린취안臨泉에서와 똑같은 문제가 발생했다. 광복군 제1지대 산하 1구대 김준 구대장이 준엽 일행의 충칭행을 방해하고 나선 것이다. 린취안의 한국광복군 간부훈련반 김학규 교관처럼 준엽 일행을 라오허커우에 잡아두려 했다. 당시 김준은 김원봉의 좌익 계열이었다고 했다.

김준 구대장은 일행의 리더 격인 준엽과 장준하, 윤재현을 일행으로부터 격리시킨 채 나머지 대원들에게 잔류를 설득했다. 이에 반발한 준엽과 장준하는 직접 중국 국민군 사령부와 교섭하기로 했다. 즉 중국 국민군 제5전구 사령부로 찾아가 충칭까지 갈 여비와 물품을 지원받기로 한 것이다.

'이종인 사령부'를 찾아서

엄청나게 좋은 호텔에서 푹 자고 난 다음 날, 나는 당시 중국 국민군 제5전구 사령부를 찾아 나섰다. 아침을 먹고 나서니 어제의 택시 기사가 호텔 앞에 기다리고 있었다. 어제 나를 내려준 뒤 120km를 달려 덩저우鄧州의 집으로 갔다가 아침에 다시 그 먼 길을 달려온 것이었다. 숙소 비용을 대 줄 용의가 있었는데도 굳이 마다했던 기사였다. 숙소 비용을 대주더라도 오늘 하루 종일 요금을 좀 깎으면 손해 볼 것 없겠다는 나의 계산은 기사의 우직함에 어긋나고 말았다.

호텔에서 택시로 약 15분, 이종인 사령관이 있던 중국 국민군 제5전구 사령부에 도착했다. 준엽이 난양에서 지원 요청을 위해 그렇게 만나고 싶어했던 이종인 사령관의 본거지였다. 난양南陽에서는 이곳에 있는 이종인 사령관의 직접 지시가 내려오지 않았다며 번번이 지원을 거절했던 중국 국민군이었다.

옛 사령부 앞에는 표지판이 서 있었다. 사각형의 검은 돌을 대리석으로 둘러싼 나지막한 표지판, 호북성중점유물이라며 '국민 정부 제5전구 이종인사령장관부구지'라고 새겨져 있었다.

표지판 뒤로 바로 사령부 출입문이 있었는데 양쪽에는 커다란 홍등이 걸려 있었고 문 위에는 '훈풍남래薰風南來'라는 커다란 편액이 붙어 있었다.

* 라오허커우老河口에 있는 중국군 제5전구 사령부. 김준엽은 이곳에서 보급을 약속받았다.

'따뜻한 바람은 남쪽으로부터 불어온다' 대충 이런 뜻인 듯했다. 문 양쪽으로는 높다란 담장이 쭉 이어져 있었는데 담벼락에는 중국군의 전투 모습들을 묘사한 부조 조각상들이 붙어 있었다.

정문에는 검은 제복을 입은 젊은 경비원이 서 있었다. 본능적으로 여권을 확인하는데 정작 그는 내가 들어가든 말든 별 관심이 없었다. 안으로 들어서자 반듯한 정원 한가운데로 길이 나 있었고 중문이 보였는데 그 위에도 편액이 붙어 있었다. '경독전가耕讀傳家' 농사와 책 읽기에 힘 쏟는 집, 어딘지 군 사령부와는 맞지 않는 편액이었다. 아마도 당시 어느 부호의 저택을 사령부 건물로 차출해서 사용한 게 아닌가 싶었다.

아닌 게 아니라 입구의 안내도를 보니 사령부에는 큰 건물이 네 채가 있었다. 그 안에는 족히 열 개가 넘는 전시관이 마련돼 있었다. 이종인 사령부는 박물관으로 변해 있었다.

꽤 규모 있는 박물관, 전시물도 다양했다, 이종인 동상을 비롯하여 당시의 무기들, 그리고 사령관과 참모들이 회의하는 장면을 묘사한 밀랍 인형, 당시의 전황도 등이 매우 자세하게 전시돼 있었다. 중국 국민 정부의 활약상을 이렇게 자세하게 전시하고 있는 것, 매우 이례적으로 여겨졌다.

혹시 이종인이라는 인물이 매우 뛰어났던 것일까? 그의 흉상 아래 생몰 연대를 보니 1891-1969라고 돼 있었다. 그러고 보니 나와도 아주 짧은 기간 함께 살았구나!

어떤 인물인지 찾아보니 생각보다 대단한 인물이었다. 중·일전쟁 발발 후 처음으로 중국에 승리를 안겨 준 지휘관이었다. 1938년 3월, 일본군 15만이 쉬저우徐州를 공격해왔다. 준엽이 처음 일본군으로 배속받은 바로 그 지역이었다.

이종인은 쉬저우 전투에서 대승을 거뒀다. 이후 국민 정부군 주요 지휘관을 맡았으나 장제스와 정치적으로 자주 대립했다. 중화민국 총통 대리, 부총통 등을 역임했으나 장제스와의 갈등으로 결국 제2차 세계대전이 끝난 뒤에는 미국으로 망명해야 했다. 미국에서 어렵게 살았는데 1965년 저우언라이周恩來가 이종인을 중화인민공화국으로 초청했고 이종인은 마오쩌둥과 만나기도 했다. 이후 중화인민공화국에 적극 협조한 인물이 되었다. 이종인 박물관이 꽤 규모 있게 꾸려져 있는 이유를 알 것 같았다.

준엽도 이곳을 드나들었다. 처음 이종인 사령관을 만나러 왔을 때는 그가 전방 시찰 중이라 만나지 못하고 대신 참모장을 만났다.

참모장은 선처할 테니 안심하라고 했고 준엽은 이를 전적으로 믿었다. 그런데 공짜가 아니었다.

시민회관을 찾아서

제5전구 사령부는 준엽 일행에게 지원을 약속하는 대신 그에 걸맞는 요구를 해왔다. 사령부 정훈참모부에서 중국 학생들의 '10만 학도 종군'을 위해 라오허커우老河口에서도 연극 공연을 해달라고 요청한 것이다.

준엽과 동지들은 두말없이 이에 응했다. 그래서 시민회관에서 다시 연극 '광명의 길'이 무대에 올랐다. 장준하는 연극 연출을 맡고, 준엽은 강연을 하기로 했다. 그렇게 해서 시작된 강연과 연극으로 시민회관은 초만원이었다. 라오허커우 시민과 학생 천여 명이 실내를 가득 메웠고 앞자리에는 제5전구 사령부 고급 참모들과 미 공군

지휘관들도 자리했다.

나는 그 시민회관을 찾아보고 싶었다. 녀석을 앞세워 노인들에게 물었으나 당시 시민회관을 기억하는 이는 없었다.

"라오허커우 문화예술회관 같은 건 없어?"

"있쎄요."

"그래 어디?"

건물도 대물림하는 경우가 적지 않다. 지금의 문화예술회관이라면 예전에 시민회관이었을 가능성이 매우 크지 않은가!

"저쪽에 도시 바깥에 있대요. 거긴 아닐 거예요."

그래, 네 말이 맞다. 당시 시민회관이라면 아마도 가장 번화한 곳에 있었을 것이다. 나는 어제 만난 기사의 택시를 타고 오래된 중심지 사거리로 가자고 했다. 주변에 재래시장이 있는 곳이면 더 좋다. 녀석과 기사가 내비게이션 지도를 한참 들여다보다니 10분도 채 가지 않아 차를 세웠다.

구도심지 사거리였다. 옆에는 재래시장도 있었고 길거리 정육점들도 즐비했다. 사거리에서 가장 높은 건물은 중국인민은행 건물이었다. 그 옆에는 '중국공산당라오허커우시위원회'가 있었다.

나는 바로 그 위원회 건물이 당시 시민회관 자리라고 확신했다. 재래시장의 어느 노인이 예전에 여기에 낡고 큰 건물이 있었다고

* 라오허커우老河口에 있는 중국인민은행 건물. 김준엽 일행이 연극을 했던 시민회관 자리로 추정된다.

했기 때문이었다.

나는 라오허커우시 위원회 입구를 몇 번이나 왔다 갔다 했다. 경비원이 잔뜩 긴장해서 바라보고 있었지만 아랑곳하지 않았다. 바로 이 거리에, 이 건물에 준엽이 드나들었다. 준엽과 그 동지들이 수천 명의 중국 관객 앞에서 연극을 하던 장면을 떠올려 봤다.

갓 배운 중국어로 일제에 항거해야 한다며, 한국 청년과 중국 청년이 뜻과 힘을 모아 일본 제국주의자들에 맞서야 한다고 사자후를 토하던 준엽의 모습을 떠올려 봤다. 스물두 살의 준엽, 그 특유의 카랑한 목소리가 들려오는 듯했다.

준엽과 동지들의 연극은 성황리에 끝이 났다. 연극이 끝나자 열광적인 박수가 쏟아졌다. 그 박수 세례 속에서 막이 천천히 내리고 있었다. 바로 그때였다. 연출가 장준하가 그만 쓰러지고 만 것이다. 장준하는 평소에 심장이 좋지 않았는데 피로까지 겹쳤다. 준엽은 앞뒤 따질 것 없이 장준하 동지를 들쳐 업었다.

푸민福民병원 뜰에서

장준하를 들쳐 업은 준엽은 거리로 나섰다. 중국인들에게 묻고 물어 캄캄한 밤중에 병원으로 달려갔다.

준엽은 헤매고 헤매다가 여섯 번째 병원에서 마침내 의사를 만날 수 있었다. 푸민福民병원이라는 간판이 붙은 곳이었다. 중국인 의사는 의식이 없는 장준하에게 주사를 놓았다. 그러자 장준하가 희미하게 눈을 떴다. 준엽은 장준하의 손을 잡았다. 장준하는 미소로 응답했다. 이때만큼 혼도 나고 기뻤던 적이 없었다고 준엽은 술회했다. 장준하는 한밤중에 자신을 받아 준 의사는 기독교인이었다고 했다.

푸민병원을 찾아보고 싶었다. 의외로 병원은 쉽게 찾을 수 있었다. 시민회관이 있었던 곳으로 추정되는 곳에서 멀지 않은 곳에 있었다. 어제 오늘 이틀째 동행하는 택시 기사는 도대체 뭔 일인지 몹시 궁금해하는 표정이었다. 일정한 목적지 없이 여기 갔다 저기 갔다를 반복하는 한국인이 궁금했을 것이다. 녀석은 그에게 '한국에서 제일 유명한 작가'라고 제대로 알려주지 않은 모양이었다.

푸민병원이 있던 곳은 택시를 탄 채 들어갈 수 있었다. 그 흔한 정문 경비원도 없었다. 택시에서 내리니, 마치 오래된 공원에 온 느낌이었다. 큰 나무들이 그늘을 드리우고 있는 것이 매우 인상적이었다.

나무 그늘 사이로 난 길을 걸어 들어가자 오랜 세월을 품은 듯한 건물이 보였다. 두 개의 뾰족한 지붕과 줄지어 선 기둥들이 아치 형태를 그려내고 있는 아름다운 건축물이었다. 우리나라 대학 등에서 가끔 볼 수 있는 석조건물과 그 형태가 비슷했다.

가까이 가서 보니 석조가 아니라 전형적인 중국 벽돌로 쌓아올린 건축물이었다. 건물 전체가 짙은 갈색을 띠는 것도 벽돌 때문이었다. 이 정도 디자인이라면 충분히 문화재로 인정받을 수 있을 것 같았다.

* 라오허커우[老河口]의 푸민[福民]병원. 김준엽이 쓰러진 장준하를 업고 달려간 곳으로 지금도 현판이 남아있다.

아닌 게 아니라 벽에는 '호북성 문물 보호단위'라는 글귀와 '푸민병원구지福民醫院舊址'라는 안내판과 '상양시문물단위'와 '푸민병원'이라는 글귀가 새겨진 안내판이 나란히 붙어 있었다. 지금은 병원으로 사용되지 않고 있다.

건물 외벽에는 '라오허커우시 기관사무관리국'과 '라오허커우시 인민정부 대만사무판공실'이라는 두 개의 안내판이 붙어 있었다. 라오허커우시 산하 기관들이 입주해 있는 모양이었다. 건물 밖에는 작은 오토바이 몇 대와 자동차들이 주차돼 있을 뿐 드나드는 사람들은 거의 볼 수 없었다. 아마도 안에서는 중국 공무원들이 열심히 시간을 죽이고 있을 것이다. 이 멀고 먼 오지에 대만과 관련된 일이 많을 것 같지 않았다.

1944년 12월 말, 준엽은 바로 이곳으로 아픈 동지 장준하를 업고 왔다. 그들이 만난 지 6개월 남짓, 서로를 동지라 부르며 믿고 의지하던 준엽과 장준하. 장준하는 준엽보다 다섯 살 위의 기혼자였지만 장준하 역시 준엽을 깍듯이 존대하며 우정과 동지애를 쌓아가고 있었다. 그 우정은 전 생애를 통해 변하지 않았다. 진정한 우정, 삶의 방향이 같았기 때문이었을 것이다. 그리고 그 방향을 위해 목숨까지 나누며 함께 달렸기에 가능한 우정이었을 것이다.

세월을 뒤집어쓴 운치 있는 푸민병원 뜰에서 엉뚱하게 나는 내 주변의 사람들을 떠올리고 있었다. 나는 그들과 같은 방향인가? 올바른 방향을 공유하며 함께 가고 있는가? 몹시 어려운 질문들이었다.

빠슈링巴蜀嶺을 우회하며

1945년 1월 6일, 준엽 일행은 라오허커우老河口를 출발했다. 중국군 제5전구 사령부에서 의복 등 보급품은 물론이고 준엽이 빌려달라고 요청했던 현금 10만 원도 지급했다. 이종인 사령관은 한국 청년들에게 돈을 빌려주는 것이 아니라 중국군 소위한테 월급 명목으로 지원하는 것이라고 했다. 린취안臨泉에서 한국광복군 간부훈련을 마친 준엽과 한국 청년들은 이미 중국 소위에 임관된 터였다.

이종인 사령관의 리더십이 빛나는 장면이었으며, 몇 차례나 사령부를 드나들며 교섭했던 준엽의 노력이 성과를 거두는 순간이었다.

이제 이들 앞에는 빠슈링巴蜀嶺:파촉령을 넘어야 하는 여정이 남아 있었다. 빠슈링! 해발 3,000m 이상의 고산이 즐비한 산맥군으로 중국의 중원과 서부 지역를 경계짓는 거대한 산군이었다. 삼국지에서는 '날아가는 새도 넘기 어렵다'고 묘사된 바로 그곳이었다.

특히 이곳은 농사의 신 선농즈神農者:신농자 설화의 고장, 중국 정부는 빠슈링이 포함된 이곳을 '신농자국가급자연보호구', 즉 국립공원으로 지정해두고 있다.

푸민병원을 둘러보는 것으로 나는 라오허커우에서의 여정을 마쳤다, 그리고 택시 기사를 재촉하며 샹양시襄陽市:양양시를 향해 달렸다. 빠슈링은 나의 여정에도 가장 큰 난관이었다. 아무리 찾아봐도 대중교통을 이용해서 빠슈링을 넘는 방법은 없었다. 택시 기사들도 가지 않으려 한다고 했다.

가겠다는 택시는 엄청난 요금을 요구했다. 빠슈링 정상까지 204km, 900위안 달랜다. 빠슈링 정상에서는 또 어떻게 해야 한단 말인가?

"택시나 버스 말고 트럭 같은 걸 얻어 타는 방법 없을까?"

"몰라요."

"돌아가야겠지?"

"그게 낫겠쎄요."

"어디로 돌까?"

"몰라요."

모르는 것 많아서 참 좋겠다 녀석아!

쉬저우를 지나면서부터 녀석은 조금만 불리해지면 자기한테도 여기가 외국이라고 둘러댔다.

"쯧, 지도 줘 봐."

저녁을 먹으며 녀석과 나는 새로운 경로를 탐색했다. 지도를 면밀히 살펴본 결과, 샹양시까지 가서 거기서 기차로 이창宜昌:의창으로 이동한 다음 다시 고속철을 타고 바둥巴東:파동으로 이동하는 게 제일 낫겠다는 판단을 했다.

바둥은 빠슈링 너머 양쯔강 강변에 있는 도시였다. 나중에 빠슈링을 넘은 준엽이 배를 타고 가면서 지나간 곳이다. 나는 그곳에서 거꾸로 빠슈링 정상으로 가는 방법이 있는지 모색해 봐야겠다고 내심 작정했다.

"표 있나 봐!"

"어디로 감까?"

"파동, 아니 바둥."

"에."

녀석은 자신의 특기인 핸드폰 검색으로 일반 열차표와 고속철표, 그리고 바둥의 숙소까지 순식간에 해결하고는 나를 보고 헤- 웃었다. 장하다!

택시를 타고 샹양까지 내처 달렸다. 11시 45분에 도착하여 이틀 동안 동행한 기사와 아쉽고도 뜨거운 작별을 했다. 점심 먹을 시간이 없다. 도시락을 사 들고 열차를 탔다. 어디서 출발했는지는 모르겠지만 광저우까지 가는 일반 열차였다.

좌석표대로 자리를 잡고 앉았다. 붐비고 좁고 특유의 냄새까지 뒤

섞인 일반 열차, 빈자리 없이 빼곡하다. 배가 몹시 고프다. 이 분위기에서 어떻게 도시락을 까먹나?

"밥 먹으쎄요!"

"에."

내가 녀석의 대답을 흉내내자 빤히 바라보았다. 내친 김이었다.

"밥 먹으쎄요!"

"에."

녀석은 아무렇지도 않다는 듯 도시락을 꺼냈다. 비닐봉지에 담긴 일회용 도시락이었다. 에라, 모르겠다. 나도 녀석이 건네는 도시락을 펼쳤다. 우육탕 국물과 밥이 제법 그럴싸했다. 고개 한번 들지 않고 짧은 중국 숟가락을 이용해서 후다닥 해치웠다.

허기를 채우고 나자 객차 안이 제대로 눈에 들어왔다. 세 명씩 마주 보고 앉도록 된 의자, 다행히 우리 앞자리 승객은 깊이 잠들어 있었다. 통로 건너편 아낙 셋과 눈이 마주쳤다. 아니 아까부터 시선을 의식하고 있었다.

처음 들어와 배낭을 올리고 자리에 앉고 도시락을 깔 때부터 느껴지던 시선을 정면으로 바라본 것이다. 아마도 그 아낙들 입장에서는 신기했을지 모른다. 한국말, 그러니까 외국말 쓰는 승객이 가까이 앉았으니 호기심이 발동하기도 했을 것이다.

얼핏 봐도 중국 땅 어디서나 볼 수 있는 허름한 행색의 중년 여성들이었다. 그들 발밑에는 보따리 등이 놓여 있었는데 달걀 꾸러미가 확 눈에 들어왔다. 적어도 70~80개는 돼 보이는 달걀이 투명한 용기에 가득 담겨 있었다.

"저 달걀 파는 건지 물어봐."

기어코 호기심을 참지 못하고 막 잠을 청하려는 녀석의 옆구리를 쿡 찔렀다.

"먹을 거래요."

"어디까지 간대?"

"광저우요."

"뭐하러 간대?"

"일하러 간대요."

자신들은 광저우에서 일하고 있는데 추석을 맞아 고향 다녀가는 길이라고 했다. 휴가는 겨우 일주일인데 오는 데 이틀, 가는 데 이틀을 허비했단다. 그래도 좋았단다. 손주도 보고 남편도 보고….

이다음 춘절에 또 올 거란다. 묘한 쓸쓸함이 느껴졌다. 광저우에는 내일 아침 9시에 도착한단다. 적어도 20시간은 더 타고 가야 한다. 가족을 위해서란다. 당연히 그렇겠지. 손주까지 있는 할머니가 그 고생을 하는 이유가 무엇이겠는가?

"가족들 많이 보고 싶겠네."

"그렇대요."

"남편이 더 보고 싶은지 손주가 더 보고 싶은지 물어봐."

녀석의 말을 들은 아낙들이 서로들 손짓하며 웃어 젖힌다. 너는 남편을 더 보고 싶어할 거잖아. 아냐 네가 더 보고 싶어할 걸. 이런 분위기로 서로를 놀리는 듯했다.

"뭐 하는 사람인지 물어보는데 대답해도 돼요?"

"해라!"

녀석의 말을 들은 아낙들의 눈빛이 달라진다. 녀석, 한국에서 제일 유명한 작가님이라고 했을 테지.

"머리 모양보고 그런 일 하는 사람인 줄 알았대요."

머리 손질할 때가 됐나? 자기들 사장도 한국 사람이란다. 부디 그 사장님과 잘 지내시기를, 아니 한국 사장님께서 잘 대해 주시기를….

순식간에 세 시간이 지나갔다. 이창에 내리니 유난히 외국인들이 많다. 여기서 충칭까지 이어지는 양쯔강 크루즈를 즐기려는 여행객들이다. 그 유명한 싼샤댐을 지나는 양쯔강 크루즈, 기회가 된다면 꼭 타보고 싶다.

장정의 마지막 고비, 빠슈링巴蜀嶺

1845년 1월 6일, 준엽 일행은 라오허커우를 떠나 빠슈링巴蜀嶺으로 향했다. 칼바람이 부는 추운 겨울이었다. 학도병 출신 중에 안광언과 김영록 동지는 라오허커우에 남기로 했다. 김광록 동지는 옴이 심해서 도저히 함께 갈 수 없었다.

'이종인 사령관'이 내 준 중국군 소위 월급 10만 원, 1인당 2천 원씩 나누고 나머지는 공용자금으로 관리하기로 했다.

다행히 빠슈링 곳곳에는 주막이 있다고 했다. 그동안 취사를 맡아왔던 장준하는 큰 짐을 벗게 되었다. 스스로 취사를 하지 않게 된 것만도 큰 다행이었다. 준엽 일행은 삼삼오오 짝을 지어 빠슈링으로 접어들었다. 이 지역은 일본군이 없는 안전지대였다. 일본군도 험준한 빠슈링은 장악하지 못하고 있었다.

빠슈링 길은 장제스의 국민 정부가 고육지책으로 만든 길이었다. 일본군이 이창宜昌을 점령하자 교통로가 막힌 국민 정부가 항일 전쟁을 위해 만든 길이다. 기동성을 앞세운 일본군은 빠슈링과 이창 상류의 삼협 지역을 점령하지 못한 상황이다. 충칭의 국민 정부는 빠슈링, 이 험한 오솔길을 통해 중원 지역과 겨우 연결망을 유지하고 있었다.

준엽 일행은 간간이 만나는 주막에서 주로 '두부탕'을 사 먹고 헛간에 나뭇단을 깔고 잠을 자며 빠슈링을 오르고 또 올랐다. 산으로 들어선 지 6일째, 마침내 준엽 일행은 빠슈링 정상부 평평한 고원지대로 접어들었다.

일행의 눈앞에 난생처음 보는 장관이 펼쳐졌다. 높은 봉우리 사이로 눈 덮인 평원이 펼쳐진 풍광, 그야말로 장관이었다.

한동안 풍광 구경을 하던 준엽과 장준하는 나란히 눈 덮인 오솔길을 걸었다. 지금까지의 오르막길과는 달리 고원의 평지 길은 순탄했다. 일행과 떨어져 준엽이 앞장서고 장준하가 따라가는 길, 그 순간 갑자기 준엽 앞 약 5m 지점에 뭔가가 툭 떨어졌다. 깜짝 놀라 바라보니 호랑이였다. 그야말로 등잔만 한 눈을 가진 호랑이가 준엽과 장준하를 정면으로 응시하고 있었다. 너무 놀라 비명조차 지르지 못한 둘, 그 자리에 얼어붙어 버렸다. 그리고 영원과 같은 찰나의 시간이 흘렀다. 호랑이는 무심히 시선을 돌려 훌쩍 제 갈 길로 가버렸다.

호환의 고비를 넘긴 준엽과 장준하, 그러나 호랑이보다 더 무서운 것이 있었다. 바로 극심한 추위였다. 준엽은 고원지대를 나흘이나 걸어야 했다. 밤을 만나는 것은 공포 그 자체였다. 나뭇가지를 모아 움푹한 바닥에 깔고 오롯이 둘의 체온만으로 추위를 견뎌야 했다.

"우리는 못난 조상이 되지 말아야겠어."

장준하가 말했다. 준엽은 대답 대신 장준하를 꼭 껴안아 주었다.

준엽은 죽음 같은 추위 속에서 어머니를 생각하고 형제들을 생각했다. 돌아가신 아버지도 떠올렸다. 장준하는 아내의 목소리가 환청으로 들렸다고 했다. 그렇게 길고도 혹독한 밤이 지나고 나면 동이

트고, 산봉우리에 햇살이 비치기 시작하면 비로소 살았다는 생각이 들었다.

스물둘, 스물일곱의 준엽과 장준하. 어딘지도 모를 대륙의 한 모퉁이에서 두 청년은 죽음 같은 추위와 잠과 싸우며 '결코 못난 조상이 되지 말자'고 다짐했다. 그리고 이들은 그 다짐을 일평생 견지했다. 단 한 번도 흔들림 없이 후손들에게 더 나은 세상을 물려주기 위해 노력했다. 심지어 목숨까지 바쳤다. 그때의 준엽과 장준하보다 두 배나 더 살아온 나는 과연 무엇을 지켜왔을까?

라오허커우老河口를 떠난 지 열흘째, 마침내 평원 길도 끝나고 바둥巴東:파동으로 이어지는 내리막길을 만났다.

마침내 준엽 일행은 싱산興山이라는 마을에 이르렀다. 강 마을이었다. 여기서 배를 타면 다음 목적지인 바둥현까지 갈 수 있다고 했다. 준엽과 장준하는 삯을 치르고 배를 탔다. 그러나 지급된 2천 원을 다 써버린 일부 대원들은 다시 이틀을 걸어야 했다.

1945년 1월 20일 밤 12시, 준엽은 바둥巴東현 샹시香溪:향계 마을에 무사히 도착했다. 지금의 후베이성河北省 언스시恩施市에 있는 작은 강변 마을이었다. 빠슈링을 넘는데 꼬박 14일이 걸렸다. 6천 리 육로 강행군이 끝나는 순간, 이제 준엽 일행 앞에는 양쯔강 뱃길을 타고 충칭으로 가는 여정만이 남아 있었다.

머나먼 바둥巴東

나는 이창宜昌에서 다시 고속열차로 갈아탔다. 다음 일차 목적지는 바둥역이었다. 이창역을 출발한 열차는 금방 양쯔강을 건넜다. 강 남쪽으로 접어들자마자 지형이 확 달라졌다. 뾰족하고 거대한 산봉우리들이 나타났다. 열차는 철교를 지나자마자 터널로 접어들었다. 터널은 마치 쇠사슬처럼 연이어져 있었다. 터널과 터널 사이 잠깐잠깐 바깥으로 내다보이는 풍광, 깎아 세운 듯한 산세들이 압도적이었다. 준엽 일행이 넘었던 빠슈링 산세도 저랬을까!

밝아졌다 어두워졌다를 거듭하는 차창을 보며 나는 새삼 오늘이 조국을 떠난 지 며칠 째였더라는 생각을 해봤다. 일주일쯤 된 것 같았다.

철로는 양쯔강 남쪽을 크게 우회하고 있었다. 가는 동안 녀석은 숙소를 검색하더니 헤벌쭉 웃으며 말했다.

"숙소는 역에서 가까워요."

"걸어가도 돼?"

"돼요."

"얼마나?"

"5분!"

"장하다!"

두 시간도 지나지 않아 고속열차는 바둥역에 도착했다. 배낭을 메고 차창 밖을 내다보던 나는 왠지 서늘한 느낌을 받았다. 역에 내리자마자 나는 잘못 내린 게 아닌가 하는 생각을 했다.

바둥역은 높은 산 안쪽에, 아니 깊은 산중에 있었다. 아무리 둘러봐도 도시는커녕 민가도 보이지 않았다. 오후 다섯 시 무렵, 내리는 승객도 별로 없었다.

“여기 맞아?”

“걱정 마쎄요. 저쪽으로 가면 돼요.”

녀석은 넓지 않은 역 광장 한편을 가리키더니 여행 가방을 끌고 앞장섰다. 나는 배낭을 메고 뒤따랐다. 역 광장에서 이어지는 길은 좁은 내리막 시멘트 길이었다. 미끄럼 방지를 위해 옆으로 홈을 파 놓은 길, 녀석의 가방 바퀴 소리가 유난히 돌돌거렸다. 불길했다. 아닌 게 아니라 비포장과 다름없는 시멘트 길을 내려가는 우리 둘을 역무원 서너 명이 역 광장 끄트머리에서 담배를 피우며 우두커니 내려다보고 있었다.

“다시 검색해 봐.”

“알았쎄요.”

자기도 뭔가 이상했던지 녀석은 군말 없이 핸드폰을 열었다. 그러다가 녀석이 갑자기 고함을 질렀다.

“아, 놔!”

“여기 아니지?”

“어떻게 아셨쎄요?”

“바동 시내가 어디야?”

나는 급한 마음에 녀석의 핸드폰을 들여다보며 물었다.

“여기서 100km 더 가야 해요.”

꾹 참았다. 조국으로 돌아가고 싶었다.

“어떻게 가?”

“일단 역에서 버스를 타야 해요.”

녀석과 나는 내려왔던 길을 거슬러 오르기 시작했다. 그러자 담배 피우던 사내 중의 하나가 급하게 손짓을 하며 뭐라고 떠들어 댔다.

“마지막 버스가 떠난대요!”

“뛰어!”

헉헉거리며 올라탄 버스는 바둥역과 아랫마을을 오가는 셔틀버스였다. 숲길 같은 시멘트 길을 30여 분 이리 비틀 저리 비틀 내려가자 작은 마을이 나타났다.

“여기선 어떻게 가?”

“택시 타야 한대요!”

“타자!”

둘이 올라탔지만 택시는 도통 출발할 생각을 않았다. 4명이 다 차야 출발한다고 했다.

해는 지고 비까지 내리기 시작하는데 다른 손님이 있을 리 없었다.

“요금 더 줄 테니까 가자고 해.”

"200위안 더 달래요."

"바둥 가서 다시 얘기하자고 해."

"그럼 안 가요."

실랑이 끝에 택시는 출발했다. 그런데 5분도 안가더니 다시 택시가 섰다.

"왜 선대?"

"돌아올 때 무섭다고 마누라 데리고 간대요."

결국 그 택시에서 내려야 했다. 기사님의 '마느님'께서 피곤해서 가기 싫다고 했단다.

날은 깜빡 어두워지고 빗발은 거세지고 있었다. 불안감을 넘어 두려움이 밀려왔다. 핸드폰도 잘 안 터진다는 이 산골동네에서 어쩌란 말인가!

그때였다. 하릴없이 비를 맞고 있는 우리한테 날개 없는 뚱뚱한 천사 아저씨가 다가왔다. 그는 저쪽 모퉁이를 가리키며 뭐라고 해댔다.

"뛰쎄요!"

녀석이 냅다 뛰기 시작했다. 나도 덩달아 뛰었다. 바둥시까지 간다는 버스가 막 출발하고 있었다. 불법인지 합법인지 따질 겨를도 없이 버스 안으로 뛰어들었다.

양쯔강의 배 위에서

바둥巴東현 샹시香溪마을에 도착한 준엽과 그 일행은 이 마을에서 사흘을 머물렀다. 충칭重慶으로 가는 군용 선박을 기다리기 위해서였다. 준엽은 참으로 오랜만에 사람 사는 마을의 정취를 마음껏 느꼈다. 두부탕도 사 먹고 가끔 배갈 몇 잔을 마시고 취하기도 했다.

1945년 1월 23일, 준엽은 드디어 충칭으로 가는 500톤급 군용선에 올랐다. 중국군과 여군들도 함께 승선했다. 중국군 소위 신분의 준엽과 일행들은 8일간의 식권을 무료로 지급 받았다. 샹시에서 충칭까지는 양쯔강 물길을 거슬러가야 했기에 8일 정도 걸렸다고 했다.

준엽은 바다처럼 넓은 양쯔강을 바라보며 평화를 느꼈다고 했다. 유유한 물살, 주변의 풍광, 유비가 최후를 맞은 바이디성白帝城:백제성을 스쳐가며 준엽은 깊은 감회에 잠겼다. 언젠가는 다시 오리라. 아마도 그때는 사학도 신분이겠지…. 과연 그럴 수 있을까?

좁은 배 안에서 준엽은 중국 청년들과도 금방 친해졌다. 고교생인 중국의 군인들과도 대화를 나눴다. 젊은 중국 청년들은 준엽이 중국말도 할 줄 알고 특히 대학생 출신으로 중국 유격대원으로 일본군과 싸웠다는 사실을 알고 매우 호의적이었다. 고교생들은 대학생 형에게 궁금한 것이 많았고, 한국 청년은 중국에 대해 궁금한 것이 많았다.

중국 여학생들에게는 그들이 부르는 노래 가사를 적어달라며 과감히 접근해보기도 했다. 그때 얻은 가사를 준엽은 수십 년 동안 간직했다가 그의 자서전에 수록했다.

그러나 마냥 평화로운 항해만은 아니었다. 밤이 되면 가끔 일본군 폭격기가 나타나 공습을 가해왔다. 일본군 폭격기는 달빛에 비친 양쯔강을 길잡이 삼아 날아와서는 강변의 도시들을 폭격한다고 했다. 폭격이 지나가면 전쟁이라는 현실이 더 가까이 다가오곤 했다.

항해 나흘째, 준엽은 완시엔萬縣:만현이라는 큰 도시에 상륙했다. 전깃불로 환히 밝혀진 휘황한 밤거리를 걸으며 준엽과 일행은 여행객 기분을 마음껏 즐겼다. 그리고 다음 날, 군용선 대신 일반 선박으로 갈아탔다. 이제 충칭이 얼마 남지 않았다. 준엽과 동지들의 가슴도 기대감으로 넘쳐났다.

다시 찾은 바둥巴東

바둥역에서 바둥 시내까지 가는 길은 그야말로 고역이었다. 중간 크기의 전세버스는 밤길, 산길, 빗길, 굽은 길을 거침없이 달렸다. 졸다 깨서 내다보면 차창에는 빗줄기, 바깥은 깜깜했다. 또 졸다 깨도 마찬가지였다. 10여 명의 승객은 모두 말이 없었다. 스스로 짐짝이 되기로 작정한 것 같다. 분명히 넓은 유료 도로가 있을 텐데 버스 기사는 좁고 굽은 길로만 달리고 또 달렸다. 바동역 앞 작은 마을을 떠난 지 세 시간여.

"저기 좀 보세요."

세 시간 째 침묵하던 녀석이 내 옆구리를 찌르며 차창 앞을 가리켰다. 그 순간 나는 기적이라는 단어를 떠올리고 있었다. 사막 길 끝에 오아시스를 만나면 이런 기분이지 않을까! 파랗고 빨간 불빛이 화려한 도시가 나타났다.

깜깜한 길을 달리고 달린 끝에 환상처럼 나타난 도시의 조명, 불빛, 더욱 가관인 것은 그 불빛들이 도시를 가로질러 흐르는 강물에 그대로 비치고 있다는 사실이었다.

그러나 도시의 야경에 취해 있을 틈이 없었다. 버스에서 내리자마자 녀석과 나는 핸드폰이 가리키는 대로 달렸다. 숙소에 도착하니 9시 50분! 방 카드를 내주는 식당 여주인이 낭패한 표정을 지었다.

"식당은 10시에 문 닫는대요."

"10분 남았잖아."

"에?"

"9분 만에 주면 1분 만에 먹겠다고 해!"

녀석이 그대로 통역을 한 모양이었다. 여주인이 나를 아래위로 훑어봤다. 나는 자신만만하다는 표정을 짓다가 두 손으로 합장을 하며 배를 가리키며 기절할 것 같은 표정을 지어 보였다. 여주인이 픽 웃더니 안쪽에다 대고 뭐라고 한참 고함을 질렀다. 몸짓 연기가 통한 것이다.

그날 밤 저녁밥은 여정 최고의 만찬이었다. 아무도 없는 넓은 레스토랑 창가에서 숱한 불빛을 머금고 있는 양쯔강을 내려다 보며 30여 분을 기다리자 드디어 음식이 나왔다. 갓 지은 하얀 쌀밥을 1인용 가마솥에 담아 내왔다.

엄청나게 큰 물고기 튀김과 석쇠 구이 돼지고기와 다양한 밑반찬들, 마치 오랜 방황을 끝내고 돌아온 탕자를 대하는 어머니의 밥상 같았다. 아니면 만주벌판에서 독립운동을 한 지사를 맞이하는 밥상이거나….

"바이주 한 병 시켜!"

"작은 걸로요?"

"중간 걸로."

"괜찮겠쎄요?"

"너도 한 잔 해야지!"

"배 아파요."

바둥은 양쯔강을 사이에 두고 형성된 도시였다. 강 양쪽은 몇 개의 다리로 연결돼 있었다.

다음 날 이른 아침, 나는 양쯔강 다리 위를 천천히 걷고 있었다. 내가 있던 곳은 강의 남쪽으로 다리 위에 서니 강 북안의 바둥 시가지

* 바둥巴東시와 양쯔강. 김준엽 일행이 배를 타고 지나간 곳이다. 지금은 싼샤댐으로 수위가 150m나 높아졌다.

뒤로 높은 산봉우리들이 끝도 없이 이어져 있었다. 저 산봉우리들은 준엽이 목숨을 걸고 넘었던 빠슈링, 즉 파촉령과 이어지고 있을 터였다.

강변 도시 바둥은 아름다웠다. 산 능선을 따라 형성된 시가지, 유유히 흐르는 양쯔강과 역시 유유히 오가는 크고 작은 선박들, 기회가 된다면 여름 한철 이곳에 와서 한 달쯤 푹 쉬었다 가면 좋겠다는 생각이 저절로 들었다.

아침밥을 먹으면서 식당 주인한테 샹시香溪로 가는 교통편을 물어보라고 했다. 나는 준엽이 처음 배를 탔던 곳으로 가보고 싶었다. 그 곳에서라면 빠슈링이 올려다보이지 않을까 하는 생각도 들었다.

"모른대요."

"알아보라고 해봐."

"없대요."

녀석이 다시 보채자 엄청난 거구의 식당 주인이 옆에 앉더니 뭐라고 한참 설명을 하고 녀석도 간간이 되묻고 있었다. 요약하자면 간단했다.

'예전의 강변 도시들은 다 사라지거나 달라졌다. 싼샤三峽:삼협댐 건설로 지금 보이는 양쯔강은 수심이 150m나 높아진 강이다. 그러니 수십 년 전의 샹시라는 동네도 사라졌거나 옮겼을 것이다. 있다 해도 가는 방법은 배 밖에 없을 텐데 배를 빌리기도 어렵거니와 비용도 엄청나게 들 것이다. 그래도 가겠느냐?'

포기할 테니 우육탕 육수나 더 달라니까 흔쾌히 내준다. 그런데 또 묻는다.

"니 뚱베이?당신 뚱베이 사람인가?"

"부쓰, 워 한궈러.아니, 한국 사람이다."

"한궈러마??한국인이라고??"

동북지방, 그러니까 지린성, 랴오닝성, 헤이룽장성 쪽의 동북지방에서 왔냐고 물었다가 한국에서 왔다고 하니 주인의 두 눈이 덩치만큼 커지더니 악수나 한번 하잔다.

바둥에서 바둥역까지 다시 100여 km, 꼼짝없이 택시를 탔다. 400위안을 내란다. 왜 비싸냐니까 왕복 요금이란다. 바둥역에 가면 여기 오는 손님 태울 거 아니냐? 손님 있을지 없을지 모른단다. 200위안에 가서 만약 손님 없으면 50위안 더 주마, 안된다. 손님 있어도 50위안 더 주마, 너한테 얼마나 이득이냐? 젊은 기사가 고개를 갸우뚱하며 한참 암산해 보더니, 타시란다.

바둥역으로 가는 길에 어느 고갯마루의 작은 마을 음식점에 들러 점심을 시켰다. 암산에 능한 택시 기사도 함께 데려갔다.

옆 테이블에는 공무원인 듯한 남녀 7~8명이 모여 밥을 먹고 있었다, 그들은 밥을 먹으면서도 연신 우리 쪽을 힐끔거렸다. 기어코 못 참겠는지 중년의 사내 하나가 말을 붙여왔다. 이방인의 정체가 궁금했던 모양이었다. 사복 공안인가?

녀석이 내가 한국에서 왔다고 대답하는 모양이었다. 제일 유명한 작가님이라는 말은 안 하는 듯했다. 그러자 그 사내가 다가오더니 악수나 한번 하잔다. 한국 사람 처음 봤단다. 젊은 여성들도 이제는 정면으로 나를 바라보기 시작했다. 식당 주인도 다가오고 국자든 주방장님도 나오시고, 기어코 단체 사진도 찍었다. 녀석이 사진을 받았는지는 모르지만…. 바둥은 아름다웠고 사람들은 순박하고 따듯했다.

꼭 다시 오고 싶었다. 여름 한 철 이 동네서도 지내고 싶었다. 그때는 빠슈링도 올라가 봐야지!

/ 3부 /

한국 광복군

/ 3부 /

한국광복군

마침내 충칭

다시 돌아온 바둥巴東역, 높은 산 중턱의 덩그런 역사가 어제보다 더 을씨년스럽게 보였다. 노선이나 지형 등을 고려했겠지만 이런 산 중턱에 기차역을 만든 것이 나는 도무지 이해가 되지 않았다.

구름이 낮게 가라앉은 날씨, 건너편 높은 봉우리들은 구름을 허리에 감고 있었다. 역 광장은 한산했다. 한 시간여 남은 탑승 시각, 광장 한편에 있는 조그만 구멍가게 앞에 앉아 음료수를 홀짝이고 있는데 노파 한 분이 나타나더니 역 광장 한가운데서 녹

음기를 틀어놓고 춤을 추기 시작했다.

춤인지 무용인지 체조인지 모를 몸동작이었다. 중국 도회지에서는 여럿이서 모여 춤을 추는 모습을 자주 보았지만 한산한 역 광장에서 노파 혼자 춤을 추는 장면은 매우 이색적이었다.

단순한 동작의 반복, 그런데 그게 묘했다. 가만히 보고 있으니까 일종의 중독성이 있었다. 급기야 나는 음료수병을 탁자에 내려놓고 일어섰다.

"하지 마세요."

녀석은 밑도 끝도 없이 말렸지만 나는 들은 척도 하지 않고 노파 곁으로 다가갔다.

다가가니 노파가 아니라 아주머니였다. 나는 그 아주머니 옆에 서서 발동작 손동작을 힐끔거리며 춤을 따라 추기 시작했다. 어쩌다 눈이 마주치자 이 아주머니, 싱긋 웃어주며 엄지손가락을 추켜올린다. 그 개방성 포용성이 좋았다. 이마에 땀이 나도록 그 아주머니와 춤판을 벌였다.

그날 왜 그랬을까? 맨정신에는 남 앞에서 노래도 못 부르고 초등학교 때의 '산토끼 무용' 이후로는 춤 따위와는 담을 쌓다시피 살아왔는데 그날 그 역 광장에서 나는 왜 그랬을까? 목적지가 가까워졌다는 안도감에서 그랬을까? 어쩌면 마치 준엽이 충칭으로 가는 배에서 중국 여성들에게 스스럼없이 다가가 말을 붙이고 노래 가사를 받았던 그 심경과 비슷했을까?

이제 와 돌이켜보니 설명하기 힘든 묘한 설움이었는지도 모른다는 생각이 든다. 누구였던가? 20대의 준엽과 그 젊은이들을 이 낯설고 물설은 곳에서 목숨을 건 장정을 하게 만든 장본인들, 그때 그들은 행복했을까? 일본 군국주의자, 제국주의자, 그들에 빌붙어 영혼을 팔았던 조선의 후예, 그 지식인들…. 그들은 스스로의 인생을 자랑스러워했을까? 그리고 식민지와 분단의 역사를 고스란히 물려받은 우리 세대, 또 우리 다음 세대, 캄캄한 한반도의 미래….

그날의 춤판은 이따위 복잡한 심경을 털어버리고 싶던 나의 몸부림이었을지도 모른다는 생각이 이제야 든다.

춤 잘 추던 중국 아주머니와 악수도 없이 헤어진 다음 플랫폼에 섰다. 터널을 빠져나와 다가오는 열차는 바람을 먼저 몰고 왔다. 해가 뉘엿뉘엿 질 무렵 열차에 올랐다. 그리고 고작 두어 시간, 열차는 충칭重慶북역에 닿았다. 준엽과 그 일행이 배를 갈아타 가며 8일이나 걸렸던 여정을 나는 단 두 시간 만에 해치웠다.

지난 며칠 동안 거쳐 왔던 몇몇 숙소와 똑같은 이름의 호텔을 잡은 다음 녀석이 물었다.

"우리 뭐 먹어요?"

"뭐 먹어야 해?"

“충칭에서는 훠궈를 먹어야 한대요.”

“맛있어?”

“매워요.”

“너나 먹어라.”

“에?”

잠시 후 우리는 시뻘건 국물과 수많은 종류의 꼬치를 마주하고 앉았다. 쉽게 손이 가지 않아 조심스레 한 숟가락 뜨다가 아차했다. 난 생처음 맛보는 매운맛이었다. 아니, 그것은 맛이 아니라 통증이었다. 그 통증 국물에 꼬치를 담갔다가 맹물에 씻어 먹는 긴 사투 끝에 겨우 한 끼를 때울 수 있었다.

그런데 그 이후에 이상한 일이 국내에서 벌어지기 시작했다. 매운 중국 음식이 인기를 끌기 시작한 것이었다. 마라탕과 훠궈가 한국인의 입맛을 사로잡았다고들 해댔다. 나는 아직도 내 돈 주고는 그 매운 통증과 마주하지 않고 있다.

이상하게 그날은 쉽사리 잠이 들지 않았다. 낮에 춤도 추었고 열차 안에서 졸지도 않았는데 잠이 오지 않았다.

1944년 1월 마지막 날, 마침내 충칭에 도착했던 순엽의 첫 밤도 그랬을까!

충칭의 부둣가에서

"거기는 언제 가쎄요?"

"어디?"

"뭐랬더라? 무슨 정부라고 하지 않았쎄요?"

아침밥을 먹고 거리로 나서자 녀석이 호기심과 걱정이 가득한 눈으로 나를 바라보았다. 지난 며칠 동안 그렇게 읊어주었던 '대한민국 임시정부 청사'가 얼른 떠오르지 않아 걱정인 모양이었다.

"부둣가부터 가보자."

"배 타는데요?"

"아니, 배에서 내리는 곳."

✲ 김준엽이 처음 내린 충칭重慶의 양쯔강 부두. 지금은 수많은 유람선이 떠 있다.

"에?"

그때 준엽과 일행들이 내린 충칭의 양쯔강 부두 규모는 어땠을까? 그들 눈에는 어떻게 비쳤을까? 충칭의 양쯔강 부두를 본 나는 놀랐다. 그렇지만 언제나 그래왔듯이 결코 내색하지는 않았다. 내가 부두 보고 놀라면 혹시 녀석조차 어떤 마음을 먹을지 모르는 일 아닌가 말이다.

내 눈앞에 나타난 충칭 부두는 글자 그대로 놀라웠다.

마치 선박 전시장인 듯 온갖 종류의 배들이 정박해 있었다. 눈길을 끈 것은 단연코 양쯔강 크루즈선들이었다. 내륙 수로를 오가는 배라고는 믿기 어려울 정도로 배의 규모가 컸다. 적어도 한꺼번에 수천 명은 태울 수 있을 것 같은 크루즈선들이 즐비했다.

부둣가는 부산했다. 외국인과 중국인 관광객들로 북적였고 공사판이 벌어져 있어 더욱 혼잡했다. 부두는 양쯔강揚子江:양자강과 자링강嘉陵江:가릉강, 두 강이 만나는 지점에 있었다. 두 강줄기가 만나는 곳을 차오티엔문朝天門:조천문이라고 했다. 차오티엔문은 옛날 충칭에 있던 4개의 성문 중에서 가장 큰 문이었다고 했다.

그 언덕에 엄청난 건물이 올라가고 있었다. 호텔이라고 했다. 호텔은 쌍둥이 건물이었고 강변에서 호텔 광장으로 오르는 곳에 차오티엔문朝天門이라는 돌 문이 만들어져 있었는데 나는 별 감흥 없이 그 문을 통해 공사 중인 호텔 앞 광장으로 올라갔다. 양쯔강과 자링강이 한눈에 들어오지 않았다.

나는 광장에서 오랫동안 강물을 내려다보았다. 푸른 빛의 자링강과 황톳빛의 양쯔강이 만나 한줄기 강물이 되어 물굽이를 치며 흘러가고 있었다. 이곳이었다. 준엽과 그의 동지들이 그토록 오고 싶어 했던 곳이 바로 이곳이었다.

나는 녀석에게 내 사진 몇 장을 부탁했다. 충칭의 강을 배경으로 이런저런 자세를 잡아봤다. 담배를 꼬나물기도 해봤다.

"다 됐쎄요."

녀석이 핸드폰을 넘겨주며 덧붙였다.

"배 안 고프쎄요?"

"배 타자!"

"에?"

한 시간짜리 유람선 상품이 있었다. 나는 녀석에게 한 시간짜리 표를 두 장 사라고 했다. 아주 잠깐이라도 양쯔강 물살 위에서 준엽이 느꼈던 감격을 맛보고 싶었다.

유람선에서 바라본 충칭, 언덕의 도시였다. 그리고 교량의 도시였다. 수많은 교량이 강을 가로지르고 있었고 케이블카 같은 교통수단도 있었다. 도시는 두 강의 언덕을 따라 형성돼 있었다. 경사의 도시이기도 했다.

귀국하고 난 뒤, 텔레비전 여행 프로그램에서 몇 번인가 충칭을 다시 볼 수 있었다. 그 사이 언덕 위의 쌍둥이 호텔은 완공된 듯했다. 다시 가보고 싶은 곳이 많다. 훠궈 체험은 빼고….

부정시림국민한대

택시가 떠나 버리자 녀석은 적잖이 당황해했다. 나도 주변을 둘러보았지만, 도무지 방향을 알 수 없었다. 우리는 분명히 충칭의 대한민국 임시정부 주소를 기사한테 보여줬다.

重庆市 渝中区 七星岗 莲花池 38号

기사는 내비게이션에 주소를 입력한 다음 택시를 출발했고, 내리라는 곳에 내렸는데 아무리 둘러봐도 임시정부 청사는 보이지 않았다. 가지를 넓게 펼친 가로수 고목들만이 인상적이었다. 충칭의 구도심이었다.

택시 기사는 정확한 목적지 대신 대충 근처에 내려 준 모양이었다. 녀석은 가로수 그늘 아래 앉아 있는 몇몇 노인한테 청사 위치를 묻고 다니고 있었다.

그날, 부두에 내린 준엽과 그 일행도 단걸음에 임시정부를 찾지 못했었다.

부두에서 임시정부 청사까지 고작 6~7km 거리를 준엽과 그들은 세 시간 만에 도착했다. 그들을 인솔했던 진경성 교관은 충칭의 지리를 잘 아는 인물이었다고 했다. 그런데 일행을 이끌고 찾아간 곳은 예전의 임시 청사였던 모양이다. 충칭은 일본군의 폭격으로 철저히 파괴됐다. 다시 미군이 제공권을 장악하면서 재건 중이었고, 그러다 보니 도시의 얼굴도 많이 변해버린 것이다. 무엇보다 준엽 일행이 충칭에 도착하기 약 4개월 전에 임시정부가 청사를 옮기는 바람에 그들은 더 애를 먹었다.

준엽 일행은 그 탓에 임시정부 청사를 바로 찾지 못했지만 나는 택시까지 타고 와서 임시정부 청사 코앞에서 헤매고 있었다. 얼마가 지났을까? 가로수 옆에 작은 안내판 하나가 눈에 들어왔다. 안내판에는 대한민국 임시정부 청사를 가리키는 화살표가 그려져 있었다.

화살표는 좁은 내리막 골목길을 가리키고 있었다. 골목길로 내려섰다. 오기 전에 몇 번이나 찾아보고 머릿속에 그려봤던 충칭의 대한민국 임시정부 청사, 대부분의 정보는 좁은 주택가 골목 안에 청사가 있다고 했다. 그러려니 했지만 이렇게 좁은 길을 따라가야 하는 줄은 몰랐다.

골목길은 그리 길지 않았다. 채 3분도 지나지 않아 짙은 회색빛 담장과 문이 보였다. 청사 건물이었다. 임시정부 청사 담장과 출입문 색깔을 짙은 회색으로 표현하는 게 맞는지, 색깔에 다른 이름이 있는지 모르지만 내 눈에는 그렇게 비췄고 오랫동안 나는 그렇게 생

* 충칭重慶의 대한민국 임시정부 청사. 김준엽이 마침내 찾아간 바로 그곳이다.

각해오고 있었다. 그리고 그 문 위에는 사진으로 수도 없이 바라보았던 바로 그 현판이 걸려 있었다.

'부정시림국민한대'

딱딱한 서체의 한글이었다. 그 아래에는 府政時臨國民韓大가 새겨져 있었고 맨 아래는 영문 표기가 있었다. PROVISIONAL GOVERNMENT OF THE REPUBLIC OF KOREA

제법 먼발치서 현판을 바라본 나는 천천히 청사 출입문 앞으로 다가갔다. 문은 열려 있었다. 심호흡을 한 뒤 안을 들여다 보았다. 좁고 높다란 계단이 먼저 눈에 들어왔다. 1945년 가을, 임시정부 요인들이 귀국을 앞두고 마지막 기념사진을 찍은 바로 그 계단이었다. 그리고 그 계단 맨 위에는 게양대가 높이 서 있었다.

마침내 임시정부 청사 앞에 도착한 준엽과 그 일행 눈에 맨 먼저 들어온 것도 높은 게양대, 그리고 펄럭이는 태극기였다. 그들은 누가 먼저랄 것도 없이 태극기를 향해 경례를 했다. 언제까지고 손을 내리고 싶지 않았다고들 했다.

준엽과 그 동지들이 온 정성을 다해 경례를 했던 임시정부 청사의 국기 게양대. 내가 갔을 때 게양대는 텅 비어 있었다.

대한민국 임시정부 26년

3·1 만세 운동의 열기가 가라앉지 않고 있던 1919년 4월 10일, 중국 상하이 프랑스 조계지 뒷골목의 어느 허름한 건물에 29명의 항일지사가 모였다. 여운형, 조동호, 손정도, 조소앙, 김철, 선우혁, 한진교, 신석우, 이광수, 현순, 신익희, 조성환, 이광, 최근우, 백남칠, 김대지, 남형우, 이회영, 이시영, 이동녕, 조완구, 신채호, 진희창, 신철, 이영근, 조동진, 여운홍, 현장운, 김동삼 등이었다.

이들은 임시 의정원을 꾸린 다음 임시정부 수립에 착수, 나라 이름과 정부 형태, 임시헌법 등을 논의했다. 신석우는 '대한으로 망했으니 대한으로 흥하자'고 제안했다. 제국이 아니라 민국으로 정했다. 국호는 신석우의 주장에 따라 대한민국으로 정했다. 이제 백성들은 대한제국의 '신민'이 아니라 '국민'이 되었다. 혁명이었다. 임시헌법 제1조는 '대한민국은 민주공화국이다'였다.

우리 국민은 다시 이민족의 노예가 아니요, 또한 다시 부패한 전제정부의 노예도 아니요, 독립한 민주국의 자유민이라.

〈임시정부 성립 축하문 중에서〉

지난 2019년 임시정부 100년을 맞아 KBS 특집 다큐멘터리 2부작을 맡은 적이 있었다. 좀 더 다른 영상 문법이 없을까? 함께 일하던 후배 작가가 초등학생들을 등장시켜 상하이 임시의정원을 수업 중에 재연해보자는 제안을 했다. 굿 아이디어!

임시의정원 회의를 재연하고 '대한민국은 민주공화국으로 하겠소!' 라던 어린 학생들의 똘망똘망한 눈동자와 또렷한 목소리가 지금도 생생하다.

1919년 4월 11일, 밤샘 회의 끝에 상하이에서 대한민국 임시정부가 탄생했다. 그러나 초기 임정은 시행착오와 분열에 시달렸다. 1925년 급기야 초대 대통령 이승만이 탄핵되는 사태를 겪기도 했다. 김구 주석은 한인애국단을 창단, 이봉창, 윤봉길 의사의 의거를 이끌었다.

윤봉길 의사의 홍커우 공원 의거 이후, 일제는 본격적으로 임시정부 탄압에 나섰다. 임시정부는 머나먼 방랑의 길에 나설 수밖에 없었다.

상하이를 떠난 임정은 항저우시를 시작으로 자싱, 전장, 난징, 창사, 광저우, 류저우, 치장현으로 이동했다. 중국의 동쪽에서 서쪽으로 남쪽으로 다시 북쪽으로, 임시정부는 무려 8년이나 중국의 거의 전역을 떠돌아야 했다. 그리고 1940년, 마침내 충칭에 안착했다. 충칭은 중·일전쟁으로 중국의 임시수도가 된 곳이었다.

충칭의 임시정부는 우리 군대를 갖기를 원했다. 이미 1919년 12월, 임시정부는 대한민국 임시군제를 제정, 군대의 편제와 조직에 관한 법규를 마련해두고 있었다.

'일제에 맞서 싸워 조국광복과 독립국가 건설을 이뤄낼 군대를 편성한다.'

1940년 9월 17일, 충칭의 자링嘉陵빈관에서 마침내 한국광복군 총사령부 성립 전례식이 거행되었다. 총사령관 지청천, 참모장 이범석, 예하 4개 지대에는 제1지대장 지준식, 제2지대장 김학규, 제3지대장 공진원, 제5지대장 나월환 등이 임명되었다. 1942년에는 좌익계열로 알려진 김원봉의 조선의용대가 광복군에 합류하면서 한국광복군은 완전체가 되었다.

1941년 12월 7일, 일본이 태평양 전쟁을 일으키자 12월 10일, 임시정부는 대일본 선전포고를 발표했다. 일본과의 전면전 선포, 바로 우리의 군대 한국광복군이 있었기에 가능했던 일이다.

준엽과 그 일행이 목숨을 걸고 충칭을 찾았던 이유는 대한민국 임시정부의 한국광복군 대원이 되기 위해서였다.

마침내 한국광복군

준엽과 장준하와 그 동지들이 목숨을 걸고 찾아간 곳, 내가 물어물어 찾아간 충칭의 임시정부 청사. 높은 계단을 한동안 바라보던 나는 마침내 출입문을 통해 안으로 들어갔다. 무료 입장이었다. 대신 출입구에는 최첨단 물품 검사대가 기다리고 있었다. 지키는 직원도 안내원도 없이 자율적으로 배낭을 통과 시킨 다음 다시 계단을 올려다보았다.

중국 전역을 돌다시피한 뒤 충칭에 안착한 임시정부는 그야말로 파란만장했다. 1944년이 되어서야 지금 이곳에 마지막 임시 청사를 마련했다. 물론 당시 지사들도 이곳이 마지막 청사가 될 줄은 모르고 있었다. 이런 것을 감회라고 하는 건가? 대한민국 임시정부 역사 26년, 세계 최장의 임정 기록, 그 역사의 현장에 내가 와 있었다.

1945년 1월 31일 해 질 무렵, 중국 군복을 입은 한 무리의 한국 청년들이 느닷없이 이 청사를 찾아와 태극기에 경례를 했다. 준엽 일행이 태극기에 경례를 하고 있는 순간 인솔자였던 진경성 교관이 청사 안으로 달려갔다. 진경성 교관은 임천의 중국군관학교 한국광복군 간부 훈련반 때의 교관이었다. 준엽 일행이 충칭행을 고집하자 김학규 주임이 인솔자로 임명한 인물로 중국어에도 능했다.

진 교관이 청사 안으로 들어간 지 얼마 후, 준엽과 그 일행이 그토록 그리던 인물이 그들의 눈앞에 나타났다.

이청천의 본명은 지청천이었다. 그는 1888년 서울에서 태어나 1913년 일본육군사관학교를 졸업하고 보병 중위로 있다가 1919년 만주로 망명, 신흥무관학교 교성대장으로 수많은 독립군을 길러냈다. 이후 만주로 러시아로 옮겨 다니며 항일투쟁에 매진했으며, 1940년 충칭 임시정부의 광복군총사령관이 된 인물이었다. 해방 이후에는 제헌의회, 제2대 국회의원을 지냈다.

당시 준엽이 만난 이청천은 57세의 노장이었다. 앞으로 튀어나온 이마와 꽉 다문 입술, 그리고 카랑카랑한 목소리를 가진 인상적인 인물이었다. 이청천은 준엽과 그 일행 한 사람 한 사람을 바라보며 지나갔다. 사열이었다.

그리고 이청천은 짧은 연설 겸 인사말을 했다. 수고가 많았다는 것이 요점이었다.

여기쯤일까? 준엽 일행과 총사령관이 만난 곳! 나는 청사 입구 쪽 마당을 서성이며 준엽을 비롯한 23명의 학도병 출신 청년들과 이청천 사령관의 만남을 상상해보고 있었다. 총사령관의 얼굴을 가까이서 본 준엽과 동지들은 어떤 심경이었을까? 이제야 비로소 우리 지도자, 나의 최고 지휘관이 눈앞에 있다는 사실에 그들은 얼마나 감격했을까?

그 광경을 상상해보는 것만으로도 나는 벅찼다.

이청천 광복군 총사령관과의 감격적인 만남뿐만 아니라 더 큰 만남이 기다리고 있었다.

김구 주석이 임시정부 각료들과 함께 그들 앞에 나타난 것이다.

나는 또 이 장면을 떠올려 보았다. 당시 김구 주석의 나이는 69세였다. 준엽 일행은 손주뻘이었다. 자신과 임시정부를 찾아 목숨을 걸고 달려온 손주 같은 청년들을 바라본 김구 주석의 심경은 어땠을까? 김구 주석과 함께 서 있던 10여 명의 임정 요인들도 대부분 노령이었다. 그들은 또 어떤 심경이었을까? 그날 김구 주석의 말씀은 극히 짧았다. 그들의 노고를 치하하는 데에 그쳤다. 어쩌면 주석은 복받치는 자신의 감정을 감추기 위해 인사말을 짧게 했는지도 모를 일이다.

눈물의 환영식

청사 마당에서 간단한 상견례, 아니 사열을 마친 준엽과 일행은 청사 맨 꼭대기 층에 있는 국무회의실로 안내되었다. 그들이 임시로 머물 곳이었다. 나도 준엽 일행이 올라갔던 기다란 계단을 따라 올라갔다. 계단 중간쯤 왼쪽에는 청사를 관리하는 사무실이 있었다. 슬쩍 들여다보니 중국인 몇이 나를 힐끔 쳐다보았다. 그들과 눈 맞춤만 하고는 맨 꼭대기 층으로 올라갔다.

맨 꼭대기 층 오른쪽에는 국무위원 회의실이 있었고 바로 옆에는 '주석 판공실' 즉 주석 사무실 겸 숙소가 있었다. 주석 사무실에는 김구 주석이 사용하던 탁자와 의자 그리고 작은 침대가 놓여 있었고 한복 저고리가 벽에 걸려 있었다.

거구이자 노구였던 김구 주석, 그는 이 좁은 사무실의 저 의자에 앉아 있다가 준엽 일행의 도착 소식을 들었을 것이다.

준엽 일행이 배정받은 공간이었던 국무회의실, 파란 탁자보가 덮인 기다란 탁상이 있었고 정갈한 찻잔들이 가지런히 놓여 있었다. 천장에는 회전식 선풍기가 달려 있었다. 이곳으로 안내받은 준엽과 일행은 비로소 안심하고 기뻐했다. 누구 하나 피곤한 기색은 없었고 마치 고향에라도 돌아온 듯 기뻐서 날뛰었다고 준엽은 기록하고 있다. 준엽 일행은 목욕과 이발을 했고 새 군복을 지급받았다.

그날 저녁 임시정부 청사는 사람들로 북적였다. 좁은 청사 안에 수백 명의 인파가 몰려들었다. 준엽 일행을 맞이하는 환영회가 열렸다. 김구 주석을 비롯한 임시정부 각료 전원, 광복군 총사령부의 간부들, 임시정부 직원들이 집결했다. 그리고 소식을 들은 충칭의 동

* 임시정부의 국무회의실. 김준엽 일행이 맨 처음 안내를 받은 곳이다.

포들도 삼삼오오 모여들었다.

환영회는 1층에서 열렸다. 청사 왼쪽 건물 1층으로 지금은 김구 주석의 흉상과 태극기 그리고 임정 요인들의 사진들이 전시되어 있다. 당시에는 임시의정원 회의실이자 식당으로 사용되던 곳이었다.

명색이 환영회였지만, 그날 상차림은 임시정부의 곤궁한 살림살이를 그대로 보여주는 것이었다. 간단한 안주와 값싼 중국술이 뚝배기에 담겨 있었고 이를 돌려가며 한 모금씩 마셨다. 준엽과 일행은 내색은 하지 않았지만 임시정부의 사정을 눈치챌 수 있었다.

연회는 내무부장 신익희의 환영사로 시작되었다. 뒤이어 김구 주석의 격려사가 있었다. 주석의 격려사는 꽤 길었다. 임정 마당에서 처음 준엽 일행을 맞았을 때는 지극히 간단한 연설이었지만 격려사는 달랐다. 아마도 그 몇 시간 동안 주석은 이들에게 해줄 말과 자신의 감회를 정리했을 것이다.

김구 주석은 준엽 일행이야말로 그 자체로 한국의 혼이라고 했다. 자신은 오랫동안 해외에 나와 있었기 때문에 국내 사정을 잘 알지 못하고, 일제의 폭정 아래서 젊은이들이 모두 일본인이 돼 있지 않을까 하는 생각을 했지만, 막상 준엽 일행을 보니 자신의 그런 생각이 한낱 기우였다고 했다. 그러면서 용감한 탈출과 임시정부를 향해 달려온 여정을 치하하며 이 모든 사실을 충칭 시민과 외국인들에게 알리고 싶다고 했다. 한국인은 죽지 않았다는 사실을 자랑하고 싶다는 뜻이었을 것이다.

김구 주석의 긴 격려사가 끝나고 장준하가 대표로 답사를 했다. 장준하의 답사 역시 감동적이었다.

장준하는 일제 치하에 태어나고 자라 태극기조차 본 적이 없었으나 오늘 임시정부 국기에 경례를 올리며 느낀 감격부터 이야기했다. 6천 리를 걸어와서 만난 태극기, 그 태극기를 향해 올린 손을 내리지 않고 영원히 계속하고 싶었다고 했다. 그리고 조국과 민족, 그리고 선배 지사들의 노고에 조금이라도 보답이 된다면 무슨 일이든 하겠다고 다짐했다.

청중들은 숨소리 하나 내지 않고 장준하의 답사에 귀를 기울였다. 그러나 장준하의 답사는 순탄하게 이어지지 못했다.

답사를 듣고 있던 김구 주석이 갑자기 울음을 터뜨린 것이다. 김구 주석의 울음을 신호로 거의 모든 지사가 울음을 터뜨리고 말았다. 모두가 큰 소리로 우는 통에 환영회는 울음바다가 되고 말았다. 장준하는 답사를 끝내지도 못하고 자리에 앉았다. 아무도 음식에 손을 대지 않았다고 했다.

김구, 조소앙, 이시영, 김원봉 등 환영식장에 있던 노 지사들의 울음은 조국을 떠나 수십 년 남의 나라 땅을 떠도는 자신들의 처지 그리고 여전히 캄캄한 조국의 미래. 그 모든 회한과 설움이 한꺼번에 울음이 되어 터져 나왔을 것이다.

내가 만약 영화나 드라마를 만든다면, 이 장면이야말로 압권이 될 거라는 엉뚱한 생각을 하고 있었다.

임시정부 청사 계단에 서서

나는 천천히 임시정부 청사 곳곳을 둘러보았다. 청사 건물의 운명은 아슬아슬했다. 오랫동안 이 건물은 학교, 호텔 등으로 사용됐다고 했다. 1990년대에는 도시개발 계획에 따라 사라질 뻔했다고 한다. 다행히 한국과 중국, 두 나라 정부의 교섭이 잘

진행되어 1995년 다시 임정 청사로 복원되었다고 했다.

청사 오른쪽 건물 2층에는 자료실이 있었다. 임시정부의 역사와 조직 그리고 우리의 항일운동사가 잘 정리돼 있었다. 이봉창, 윤봉길 의사 관련 자료도 만날 수 있었다. 영상물에는 당시 준엽과 함께 했던 생존 광복군들의 증언이 흘러나오고 있었다. 독립운동사는 현재진행형이다. 그분들 중에는 프로그램 제작을 위해 생전에 뵌 적이 있는 어른도 있어 감회가 각별했다.

충칭의 임시정부 청사는 대한민국 임정의 마지막 청사였다. 지사들은 이곳에서 일본의 항복 소식을 들었고 꿈에 부풀어 있었다. 이

* 임시의정원 회의실이자 식당으로 사용되던 곳. 지금은 김구 주석의 흉상과 태극기가 방문객을 맞고 있다.

제 독립된 조국으로 돌아가 그들이 꿈꾸던 나라를 건설할 수 있으리라 믿었다. 귀국을 앞둔 그들은 청사 계단에 커다란 태극기를 엇갈려 세우고 그 아래서 기념사진을 찍었다. 당시 준엽처럼 싱싱하고 푸른 나이에 조국을 떠나 독립운동에 투신했던 그들, 20~30년을 독립운동 제단에 청춘을 바친 그들이었지만, 역사와 운명은 그들의 바람대로 움직이지 않았다.

임시정부 주석과 각료 자격으로 해방된 조국으로 돌아오려던 그들의 꿈은 깨졌다. 미군정은 임시정부 요인들에게 개인 자격으로 귀국할 것을 종용했고, 그들은 따를 수밖에 없었다. 이후 한반도의 역사는 알려진 그대로였다. 식민지 역사는 전쟁과 분단의 역사로 이어졌다. 그 과정에서 숱한 갈등이 있었고 김구, 여운형 등 많은 지사가 비극적 운명을 맞고 말았다.

나는 '만약에'를 속으로 되뇌며 임시정부 계단에 오래 서 있었다. 녀석도 말이 없었다. 청사로 들어서는 순간부터 뭔가 이상한 낌새를 느꼈던지 녀석은 청사 안에서 단 한마디도 말을 걸어오지 않은 채, 내 눈치만 이리저리 살피고 있었다.

"님자!"

"에, 예?"

오랜 침묵 끝에 엉뚱한 호칭으로 녀석을 부르자 적잖이 당황한 모양이었다.

* 임시정부 청사 안의 계단.

“여기가 어딘지 아네?”

나는 녀석의 말투를 흉내 내며 물었다.

“나도 알아요, 무시하지 마세요.”

“기래, 님잔 중국 사람이지?”

“읽어 봤쎄요.”

“님잔 중국 사람이지?”

“에?”

“여긴 대한민국 임시정부 청사다. 즉 우리나라 땅이란 말이야, 알겠어?”

“지금도요?”

“지금은 아니지만. 너희 증조할아버지와 할아버지도 아까 사진 속의 그분들과 함께 있었을 수도 있어.”

“에?”

“너희 아바이 고향 요녕성은 독립 운동가들의 본거지였어. 다들 독립운동하러 넘어간 거야. 그러니까 님자도 독립투사 후손일지 모른다는 게야, 알간?”

“에? 에.”

아버지의 고향이 랴오닝성이라는 녀석이 몹시도 헷갈려 했다.

몇 번이나 되돌아보며 임시정부 청사를 나섰다. 출입문 밖으로 나와서도 쉽사리 발걸음이 떨어지지 않았다. 잠시 나무 그늘에 앉아

쉬고 있는데 중국인 노부부 한 쌍이 천천히 청사 앞을 지나 골목길로 걸어가고 있었다. 구부정한 허리, 불안정한 발걸음, 둘은 서로의 손과 지팡이를 잡은 채 걸어가고 있었다.

1945년, 아주 어렸을 저들은 이곳에서 준엽과 그들을 봤을 수도 있겠구나, 어쩌면 한두 번쯤은 스쳤을 수도 있겠구나….

임시정부와 중국정부

"술은 안 시키쎄요?"

"먹어야 해?"

"에?"

"어쩐 일이냐? 술을 먼저 권하고?"

"먹고 기차 안에서 푹 자쎄요."

"안 먹을란다."

"배 아파요?"

"응."

점심 먹는 식당에서 녀석과 나눈 대화였다. 나는 녀석의 반대를 무시한 채 허름한 식당을 가리켰다. 농민공들이나 가는 데라서 잘못하면 배 아플 수 있다고 했지만 나는 골목 안 작은 식당을 고집했다.

준엽 일행이 목격한 임시정부 살림살이, 당시 임시정부 요인들은 하루 두 끼밖에 먹지 못하고 있었다. 유난히 독신자도 많았다고 했다. 중국 전역을 떠돌다시피 한 임시정부의 그 곤궁했던 살림살이는 익히 알려져 있다. 중국 정부는 청사는 구해 줬지만, 실질적인 도움은 주지 못하고 있었다. 더구나 중국은 임시정부를 대한민국 정식 정부로 인정조차 하지 않고 있었다. 중국 정부의 임시정부 승인, 이것은 당시 임시정부의 당면 과제였다. 준엽도 임시정부 요인들과의 만남을 통해 이 '당면 과제'를 충분히 인식하고 있었다.

준엽 일행의 충칭 도착은 당시 중국에서도 큰 화제가 되었다. 도착 이후, 며칠 동안이나 준엽과 한국 청년들에 대한 중국인들의 환영 행사가 잇달아 열렸다. 대일본항쟁을 위해 중국 국민들의 지지가 절실했던 중국 정부로서는 준엽 일행의 대장정이 아주 좋은 홍보거리였다.

중한문화협회, 삼민주의청년단, 중국부녀 위로총회 등의 단체에서 준엽 일행을 초청하여 대대적인 환영 행사를 열어주었다.

이런 행사에 준엽은 일행을 대표하여 답사를 했으며, 그 답사의 주요 내용은 중국 정부가 우리 임시정부를 정식으로 승인해달라는 것이었다. 준엽의 연설은 중국인들의 큰 호응을 이끌어 냈고, 그의 활약을 임시정부 요인들은 매우 기뻐했다.

준엽 일행을 위한 환영 행사는 중국의 언론에도 몇 차례나 대서특필되었다.

특별한 만남1 - 철기 이범석

준엽 일행이 임정에 도착한 직후부터 임시정부 요인들과의 만남이 이어졌다. 요인들은 교양 강좌라는 명목으로 준엽과 청년들에게 자신의 항일투쟁 경력, 임시정부의 현황과 방향 등에 대해 강연을 했다. 백범 김구 주석, 김규식 부주석, 이시영 국무위원, 조소앙 외무부장, 김원봉 군무부장, 조완구 재무부장, 신익희 내무부장, 엄항섭 선전부장, 유림 국무위원 등이 밤마다 준엽과 청년들을 만났다.

이 무렵 준엽이 만난 인물 중에는 민필호도 있었다. 민필호는 김구 주석의 판공실장, 즉 비서실장이자 외무차관이었다. 준엽은 그들이 만들었던 잡지 〈등불〉을 속간하기로 하고 민필호와 자주 만났다.

민필호는 1898년 서울에서 태어났다고 했다. 그의 부친 민치헌은 명성황후와도 가까운 사이였다. 임오군란 때는 명성황후의 피신을 돕기도 한 인물이었다. 휘문의숙을 졸업한 민필호는 1910년 국치를 당하고 13살의 나이로 홀로 상하이로 망명, 예관 신규식의 보살핌을 받았으며 그의 따님과 결혼도 했다.

민필호는 특별히 준엽을 아꼈던 것 같다. 잡지 〈등불〉 속간을 허락하고 지원한 것은 물론, 중경 시내로 데려가 중국 음식을 사주기도 했다. 당시 민필호의 사무실에는 젊고 아리따운 여성도 함께 근무하고 있었는데 민필호의 딸 민영주였다.

1945년 4월 하순경, 민필호가 토교에 있는 자신의 집으로 준엽을 불렀다. 토교는 충칭의 외곽으로 준엽과 그 일행도 임정 청사에서 이곳에 있는 청년회관으로 옮겨 와 있을 때였다. 민필호가 준엽을 부른 것은 그가 일행의 대표였기 때문이었다.

준엽이 민필호의 집으로 갔을 때 어떤 중년 사내가 민필호의 가족들과 함께 차를 마시고 있었다.

준엽을 본 그 사내는 악수를 청하며 자신의 호를 말했다. 철기라고 했다. 철기는 이범석의 호였다. 준엽은 깜짝 놀랐다.

철기 이범석, 청산리대첩의 주역이자 전설의 항일 투쟁의 거장을 직접 만난 것이다.

준엽이 처음 만났을 때 철기 이범석은 45세의 중년이었다. 그는 군복 겉저고리를 벗은 채 권총을 차고 있었다.

1900년 서울에서 태어난 이범석은 중학교 3학년 때인 12살에 우연히 여운형을 만나 상하이로 망명, 매형인 신석우와 함께 지냈다. 쑨원의 소개로 '운남육군강무학교'를 수석 졸업한 다음 만주로 옮겨가 신흥무관학교의 교관이 되어 독립군을 양성했으며 청산리 전투에 참전, 대승으로 이끌었다. 이후 러시아 만주 등지로 떠돌며 무장 투쟁을 이어왔다.

1940년 한국광복군 참모장이 되었다가 1942년 한국광복군 제2지대 지대장을 맡았다. 준엽이 이범석과 처음 만났을 때 그는 광복군 제2지대장이었다.

나중에 이범석은 자신의 항일 투쟁사뿐만 아니라 비밀스러운 연애사까지 말해 줄 정도로 준엽을 믿고 아꼈다.

이범석은 광복 후 1948년부터 1950년까지 제1대 대한민국 국무총리, 제1대 국방부 장관과 내무부 장관 등을 역임했으며 1972년에 생을 마감했다. 두 사람의 인연은 이때까지 이어졌다.

준엽을 만난 이범석은 놀라운 이야기를 했다. 준엽이 그토록 바라던 일이었다.

이제 곧 미군과 제휴하여 싸우게 됐으니 우리 광복군이 한국에 상륙할 날이 멀지 않았다고 했다.

특별한 만남2 – 민영주

1945년 4월 29일, 준엽과 장준하를 비롯하여 모두 19명의 청년이 충칭 비행장을 이륙하고 있었다. 준엽 일행을 태운 비행기의 목적지는 시안西安:서안이었다. 이들의 시안행에는 역사적인 배경이 있었다.

1943년, 한국광복군 일부가 인도 전선에 투입되었다. 이제 광복군은 중국뿐만 아니라 해외까지 활동 범위를 넓힌 것이었다. 그러나 한반도 조국으로의 진격과는 거리가 멀었다. 그러다가 미국전략정보기관OSS : Officf of Strategic Service과 합작하여 국내 진공 작전 계획을 수립하게 되었다.

이범석은 준엽 일행에게 OSS 훈련과 국내 진공을 권고했고 준엽을 포함한 19명이 지원했다. OSS 훈련 후 국내 진공 작전에 투입된다는 것은 목숨을 건 일이었다. 따라서 지원 여부는 오롯이 개인의 판단에 맡겼다.

19명의 OSS 대원이 확정되어 충칭을 떠나던 날, 김구 주석이 그들 앞에 섰다. 그리고 주석은 대원들에게 회중시계 하나를 들어 보였다.

그 시계는 윤봉길 의사가 상하이 홍커우 공원에서 의거를 일으키기 직전, 김구 주석의 시계와 맞바꾼 것이었다. 김구 주석은 대원들이 시안으로 떠나는 4월 29일, 오늘이 바로 윤봉길 의사가 의거를 일으켰던 그 날이란 점도 상기시켰다.

김구 주석이 보여주는 시계를 바라본 대원들의 심경과 각오는 어땠을까?

어쩌면 그들 중 대부분은 아랫입술을 꽉 깨물었을 것이다.

시안비행장에 도착한 준엽 일행은 곧장 미군용 트럭을 타고 두우치杜曲:두곡로 향했다. 두우치는 시안 시내에서 동남쪽으로 약 20km 떨어진 작은 마을로 중난산終南山:종남산 자락에 자리 잡고 있었다. 바로 이곳에 한국광복군 제2지대 본부가 있었다.

준엽 일행이 탄 트럭이 제2지대 본부로 들어서자 이미 와 있던 100여 명의 광복군이 일제히 밖으로 뛰쳐나와 뜨겁게 환영했다.

준엽 일행은 새 군복과 신발을 지급받았다. 미제 군복과 신발이었다. 모자에는 태극기 휘장이 자랑스럽게 붙어 있었다.

준엽은 제2지대장 철기 이범석의 부관에 임명되었다. 준엽은 일생의 영광으로 생각했다. 그에게는 6연발 권총도 지급되었다. 이범석은 준엽과 그 일행 18명을 모두 중위로 진급시켰다.

준엽 일행이 시안을 거쳐 두우치로 올 때 동행한 여성이 한 명 있었다. 그 여성은 곧바로 철기 이범석의 비서로 일했다. 바로 민필호의 딸 민영주였다.

부관 준엽과 비서 영주는 함께하는 시간이 길었다. 늦게까지 일을 한 다음 영주가 퇴근할 때는 준엽이 어두운 밤길을 동행하곤 했다. 영주는 제2지대 본부로부터 약 2km 정도 떨어진 이범석의 집에서 지내고 있었다. 당시 이범석은 중국인 아내 김마리아와 초등학생 아들과 함께 살고 있었다.

준엽과 영주가 함께 하는 시간이 길어지자 소문이 나돌기 시작했다. 준엽은 고민 끝에 필생의 동지 장준하에게 고백했다. 좋은 감정을 갖고 있지만 연애는 아니다. 사적으로 따로 만나 사랑을 속삭인 일은 없으며 서로 호감이 있다고 생각하지만 사랑이니 결혼이니 하는 말은 한 번도 입 밖에 낸 일이 없다고 했다. 하나마나한 준엽의 고백을 다 들은 장준하가 매듭을 지어주었다. 사랑한다면 약혼을 선포하자고 했다.

이야기를 들은 이범석이 더 적극적이었다. 이범석은 직접 민영주 부모한테 연락했고 준엽과 영주의 결혼 허락을 받아냈다. 그리고 이범석이 모든 대원 앞에서 선포했다.

'오늘부터 김준엽 동지와 민영주 동지는 부부가 된다.'

그렇게 준엽은 자신의 부모도 배석하지 않은 상황에서 평생의 배필을 만났다. 사랑을 얻어 기뻤으나 한편 착잡했다.

부모에게도 알리지 못한 결혼, 만약 "자신이 전쟁터에서 잘못되기라도 하면 아내의 일생은 어떻게 될까" 라는 생각이 들었다. 그러나 아내 민영주는 조금도 흔들리지 않았고 오히려 준엽을 격려했다고 한다.

자서전 〈장정〉에서 총장님은 매우 절제된 표현으로 사모님과의 관계를 기술해 두었다. 그러나 나는 행간에서 젊었던 두 분의 모습을 충분히 그려볼 수 있었다. 연인이자 동지였던 준엽과 영주, 즉 총장님과 사모님, 당신들은 사랑했고 아꼈고 무엇보다 서로를 존경했던 것을 충분히 느낄 수 있었다.

"가세요!"

어디서 무엇을 하다 왔는지 모르겠지만 다가온 녀석이 열차 시각이 다 됐다고 알렸다. 임시정부 청사를 둘러보고 점심을 먹은 다음 우리는 열차를 타기 위해 충칭북역에 나와 있었다.

김준엽의 자서전 〈장정〉을 집어넣고 배낭을 메고 일어서는 나한테 녀석이 아이스크림을 하나 건넸다.

"아는 사람 만났어?"

"에?"

"그 사람이 사줬어?"

난생 처음 와 본, 그래서 외국과도 같은 충칭에서 녀석에게 아이스크림을 사줄 사람은 당연히 없었을 것이다. 녀석이 내 시선을 슬쩍 외면하며 말했다.

"내 돈으로 샀쎄요."

"이야, 이거 겁이 나서 못 먹겠다야!"

"먹으쎄요. 임시정부 어른들은 이런 것도 못 먹어봤을 거 아녜요!"

기특해라, 임시정부는 배웠구나. 나는 아이스크림을 핥으며 녀석을 따라 플랫폼으로 들어갔다.

시안西安의 밤

충칭 시가지를 벗어나자마자 고속철은 또다시 평원을 달리기 시작했다. 충칭에서 시안까지 약 800km. 북상하는 길로 서너 시간은 달려야 할 것이다. 열차는 약 한 시간 간격으로 정차를 했다. 정차를 할 때마다 진풍경이 벌어졌다. 안내방송이 나오고 열차가 속도를 줄이기 시작하면 승객들이 우르르 출입문 쪽으로 밀려갔다. 역 하나에 이렇게 많은 승객이 내리나 싶었는데 그게 아니었다. 열차가 정차하는 그 짧은 순간, 수많은 흡연가들이 플랫폼에서 담뱃불을 붙였다. 순식간에 플랫폼은 뿌연 담배 연기로 가득 찼다. 열차 출발을 알리는 호루라기 소리가 들리자 흡연가들은 아쉬움과 꽁초를 남기고 다투어 다시 열차에 오르고 있었다. 다음 역에서는 나도….

내 자리는 왼쪽 창가, 차창 밖으로 해가 지고 있었다. 뿌연 하늘의 저녁 해는 은은했다. 그리고 해넘이는 길었다. 해는 오래오래 열차를 따라오고 있었다.

"배 안 고프세요?"
"시안 가서 먹지 뭐."
"도착하면 늦어요. 식당 칸 있쎄요."
"그래? 뭐 파는데?"
"다 있쎄요. 맥주도 있쎄요."
"네가 살 거니?"
"에?"

라면과 티라미슈라는 빵을 시켰다. 48위안이라고 했다. 돈을 지불하다가 나는 그만 깜짝 놀라고 말았다. 여성 복무원의 미모 때문이었다. 맹세코 나는 지금껏 그토록 제복이 잘 어울리는, 하얗고 자그맣고 또렷한 얼굴의 여성을 본 적이 없었다.
"일한 지 얼마나 됐는지 물어봐."

"하지 마쎄요."

"월급은 얼마쯤 된대?"

"하지 마쎄요."

"하루에 열차를 몇 시간이나 타는지 물어봐"

"하지 마쎄요."

"왜?"

"결혼했잖아요?"

"그럼 네가 말 붙여 봐. 혹시 알아? 잘 될지?"

"일 없쎄요."

녀석은 끝까지 완강했다. 하는 수 없이 나는 그 여성과 기약도 없이 헤어졌다. 식탁을 향해 두어 걸음 가다가 뒤돌아 보았다. 그분은 손을 슬쩍 들어주며 웃어주었다. 영원히 잊히지 않을 미소이자 꿈같은 장면이었다.

그날 나는 왜 그 여성 복무원에게, 시쳇말로 꽂혔을까? 말을 걸고 싶었을까? 충칭으로 가는 배 안에서 중국 여성들에게 말도 붙이고 노래 가사도 받았던 준엽과 비슷한 감상感傷이 나도 모르게 떠올랐던 것일까?

준엽은 거의 10개월 만에 젊은 여성을 가까이서 대할 수 있었다. 그리고 함께 일본과 싸운다는 동지 의식도 있었다. 그런데 나는 뭐란 말인가? 조국을 떠난 지 겨우 열흘 남짓, 그리고 그 여성 복무원과는 아무런 교집합도 없었다. 어쩌면 긴 해넘이와 갑자기 깜깜해진 차창 밖 분위기 때문인지도 모르겠다.

밤 9시경, 나와 녀석은 시안西安북역에 내렸다. 추적추적 비가 내리고 있었다. 역에서 나와 택시를 타고 숙소에 도착할 때까지 나는 아무 말도 않고 있었다. 사실은 지쳐서 아무 말도 나오지 않았던 것이었다. 길고 긴 하루였다. 임시정부 청사, 충칭 부두, 그리고 800km 이동….

"삐지쎴세요?"

"……."

"뭐 안 먹어요?"

"……."

방 열쇠를 받아들고 호텔 복도를 걸어가며 녀석이 말을 건넸지만 나는 대꾸할 힘도 의욕도 없었다.

"여기 양꼬치 맛있는 집 있대요. 택시 기사가 그랬쎄요."

"……."

"내가, 삼다!"

"가자!"

택시 기사가 추천했다는 양꼬치 집은 포장마차였다. 엄청나게 넓은 포장마차, 자기네 나라말인 중국어에 능통한 수많은 젊은이들의 소음, 희뿌연 연기와 특유의 꼬치 냄새. 내가 좋아하는 분위기였다.

나는 양꼬치를 비롯해서 다양한 꼬치를 손에 잡히는 대로 골랐다. 꽤 높은 가격의 고량주도 한 병 시켰다. 녀석은 내 뒤에서 아무것도 고르지 않고 있었다. 포장을 때리는 빗소리와 꼬치 내음, 참기 힘든 소음, 그리고 바이주의 향기, 기가 막힌 조화였다.

"먹어!"

"됐쎄요."

"배 아파?"

"아녜요."

"내가 살게, 먹어!"

"예!"

생각과 달리 그날 밤은 쉽게 잠들지 못했다. 길다면 길고 짧다면 짧은 여정의 막바지에서 나는 묘한 느낌을 받고 있었다. 무엇보다 '이게 아닌데' 하는 생각에 괴롭기까지 했다. 준엽의 루트를 따라 나의 장정을 하겠다고 나선 길. 그러나 나의 길은 너무 편안했고 너무 짧았고 너무나 많은 생략을 남긴 길이었다. 이래 놓고 준엽의 결기와 용기, 슬픔과 희망을 느껴봤다고, 늦었지만 준엽의 길을 남은 내 삶의 한 등불로 삼겠노라고 어찌 감히 말할 수 있을 것인가!

까닭 모를 후회와 비애 속에 비 내리는 시안의 밤은 깊어가고 있었다.

광복군 제2지대

시안에서 맞는 아침, '드디어'라는 표현을 하기는 좀 그렇지만 어쨌든 내 '장정'의 마지막 여정이 남아 있었다. 준엽 동지의 탈출과 그 멀고도 먼 장정과 임시정부 합류, 그리고 광복군 투신, 그 역사적인 루트를 따라가는 길, 고작 열흘 남짓의 여정….

어쨌든 그 마지막 목적지는 두우치杜曲:두곡였다. 한국광복군 제2지대가 있던 곳, 준엽이 국내 진공 작전을 위해 OSS 훈련을 받았던 곳, 그리고 민영주와 신접살림을 차렸던 곳이었다.

"뭐 타고 가?"

"택시 불렀쎄요."

"택시 맞아?"

"에?"

"합법 택시야? 불법 택시야?"

"몰라요, 타면 돼요."

"400위안?"

"엉? 어떻게 아셨쎄요?"

대충 아침밥을 때우고 이미 익숙해진 브랜드의 호텔 앞에서 잠시 기다리자 택시가 왔다. 지붕 위에 택시 심벌이 달린 것으로 보아 합법 택시인 것 같았다. 사람좋게 생긴 젊은 기사였다. 나는 210위안을 먼저 건넸다. 택시 기사가 지폐를 손에 든 채 나를 바라보았다.

"잘하면 돌아와서 그만큼 더 준다고 해라."

말하자면 팁이 20위안이었다. 기사는 다가올 불행은 예견하지 못한 채 '쎄쎄'를 연발하며 꾸벅 인사까지 하며 좋아라 했다.

택시 앞자리에 오르자마자 나는 '대안탑大雁塔' 앞으로 돌아서 가자고 했다.

"어차피 그쪽으로 간대요."

여정이 허락된다면 시안은 꼼꼼히 돌아보고 싶었다. 중국 역사의 보고寶庫, 장안으로 불리기도 했던 시안은 13개 왕조의 도읍지로 수백년 동안 세계 최대의 국제도시였다. 좀 떨어진 곳에 있는 진시황의 '병마용갱'도 보고 싶고 장안 성벽도 한 바퀴 걸어 보고 싶었다.

서유기의 모델인 된 현장법사가 인도에서 들여온 불경을 보관하던 대안탑과 당 고종이 그의 어머니를 위해 세운 '자은사慈恩寺', 박물관 등도 둘러보고 싶었다. 그러나 빠듯한 여정과 '기타 이유'로 그 모든 호사는 '다음 기회'로 미룰 수밖에 없는 처지였다.

택시가 넓은 로터리를 돌자 현장법사 동상과 그 뒤로 대안탑이 보였다.

"마, 만만디…."

맞는지 안 맞는지 모르지만 급한 김에 튀어나오는 대로 택시기사한테 내질렀다. 내 딴에는 '천천히 가라'고 한 것이었다. 동시에 핸드폰 카메라를 켰지만, 대안탑은 기사님의 얼굴에 가려지고 말았다. 준엽도 시안에서 두우치로 가는 길에 이 앞을 지나갔다. 군용 트럭을 타고 대안탑 앞을 지나면서 역사학도 준엽은 무슨 생각을 했을까? 언젠가는 이 유서깊은 곳들을 모두 둘러보리라 다짐했을 것이다. 군용 트럭 안에서, 생사조차 불분명한 길을 가면서 대안탑에 오랫동안 시선을 붙들고 있었을 준엽을 생각하니 '짠' 해졌다.

시가지를 벗어나 시원스레 뚫린 길을 따라 얼마 달리지 않아 저 멀리 범상찮은 봉우리들이 이어져 있는 큰 산이 나타났다.

"저 산이 종남산인지 물어봐."

"네 맞아요."

"물어봐라 기사한테."

녀석이 묻자 기사가 고개를 크게 끄덕인다. 중난산終南山은 내 예상을 뛰어넘는 훨씬 큰 산이었다. 산이 아니라 산맥처럼 보였다.

중난산은 시안 사람들과 중국인들이 즐겨 찾는 명산이기도 하지만 중국 불교 4대 종파의 발상지로도 알려져 있다. 신라의 의상대사도 이 산의 중난스終南寺:종남사에서 공부했으며 당나라 승려 구마라집은 이곳 중난산에서 범어로 된 불경을 한자로 번역했다. 준엽 역시 중난산을 바라보며 특별한 감회에 빠져들었을 것이다.

중난산의 위용에 시선을 빼앗긴 지 얼마 지나지 않아 택시가 멈췄다. 젊고 영리한 기사답게 내가 건네준 주소 그대로 찾아온 것이다.

길가에 멈춘 택시에서 내리니 높고 기다란 회색 담장과 높은 문을 가진 건물이 바로 앞에 있었다. 내리자마자 담벼락에 붙은 안내판 하나가 눈에 확 들어왔다. 크지 않은 갈색 안내판, 안내판은 입구 출입문 바로 오른쪽에 붙어 있었다.

'한국광복군 제2지대 구지'라는 간체자 아래 한글로 '한국광복군 제2지대 표지석 기념공원'이라는 글자가 쓰여 있었다.

담장 안에 광복군 기념공원이 있는 듯했다. 좁은 벽돌 구멍 사이로 들여다보자, 저 안쪽에 '벌건' 기둥과 기와지붕을 가진 작은 정자가 하나 있고 그 안에 까만 비석이 서 있었다. 비석 주변은 온통 잡풀

* 한국광복군 제2지대가 있던 곳과 광복군 제2지대 기념공원 안내판

로 우거져 있었다. 최대한 렌즈를 당겨 비석을 촬영한 다음 확인해 봤다.

'韓國光復軍第二支隊駐屯地舊址한국광복군제2지대주둔지구지'가 간체자로 새겨져 있었다.

한 줄에 일곱 글자씩, 두 줄의 세로 새김이었다. 제2지대 표지석 기념공원은 2015년에 세워졌다.

그 마당에서

불문곡직, 나는 안내판 옆의 정문을 들어섰다. 넓은 마당이 펼쳐져 있었고 낮고 긴 건물들이 마당을 빙 두르다시피 서 있었다. 마당에는 접혀 있는 기다란 사다리 등 건축 관련 자재들이 널브러져 있었다.

마당 여기저기를 촬영하자 중국인 사내 서넛이 다가왔다. 녀석이 뭐라고 설명하는 동안, 나는 무작정 담배 한 개비씩을 건네고는 라이터 불을 그들 코밑에 갖다 댔다.

"예전에 여기 뭐하던 데냐?"

"창고였다."

"여기 군대가 있었다는데 알고 있나?"

"들어서 알고 있다. 한국 군대라고 할배들이 말해 주었다."

마당은 한국광복군 제2지대 연병장이 틀림없었다. 준엽이 처음 도착하여 100여 명의 광복군으로부터 뜨거운 환영을 받았던 곳, 이범석의 부관이 되어 수도 없이 다녔던 바로 그 마당이었다. 그리고 부관 임무를 수행하면서도 훈련에도 빠지지 않았던 준엽의 땀이 서린 곳이 바로 이곳이었다. 훈련은 두우치杜曲:두곡에 도착한 바로 다음 날부터 시작되었다.

준엽과 OSS 제1기 훈련생 50명은 카빈 소총을 개인 화기로 지급받았다. 준엽은 당장이라도 카빈 소총을 쏴 보고 싶어했다. 중국군 유격대에 참가한 후에도 무기없는 독립군으로서의 서러움을 씻어버리고 싶은 충동 때문이라고 했다.

준엽과 장준하와 노능서는 지급받은 카빈 소총을 들고 들판으로 나가 나무 위에 앉아 있는 독수리에 대고 동시에 발포를 했다. 그런데 총소리는 한 방밖에 나지 않았다. 장준하와 노능서는 제대로 장탄을 하지 못했다고 했다.

나는 9월 말의 뙤약볕이 내리쬐는 마당을 제법 오래 서성거렸다. 그리고 지도 앱을 켜서 현재 내 위치를 찍어 보았다. 한반도에서 서쪽으로…, 아주 먼 곳이었다. 그때의 준엽과 젊은 광복군들은 자신들이 대륙의 어디쯤에 있는지도 몰랐을 것이다.

“저기 옆의 공원에 들어가 볼 수 있나?”

나는 아까 벽돌 구멍으로 바라보았던 정자와 비석을 가까이서 보고 싶었다.

"지금은 안 된다."

"왜 안 되냐?"

"관리인이 열쇠를 갖고 있다."

"전화번호 아느냐?"

"안다."

"전화 좀 해달라."

"시안에 갔다. 2~3일 있어야 온다고 했다."

광복군 제2지대 기념공원 비석을 가까이서 보고 쓰다듬어 보는 것, 역시 '다음 기회'로 미뤄야 했다.

그 집의 감나무

나는 마당의 사내들에게 담배를 한 개비씩 더 권했다. '쎄쎄'를 연발하는 그들과 다시 맞담배를 피우며 녀석에게 물어보라고 했다.

"예전에 이 동네에 한국 군대 대장이 살았는데 그 집을 아느냐?"

"안다."

의외로 대답이 쉽게 나왔다. 예전에도 한국 사람들이 와서 그 집을 찾아갔다고 했다. 그렇다면 장준하 선생 기념사업회 분들이 아닌가 싶었다.

"어디냐?"

그러자 사내 하나가 땅바닥에 주저앉아 작대기로 흙바닥에 약도를 그리기 시작했다. 그림보다 말이 빨랐다. 열심히 설명을 듣고 있는 녀석에게 말했다.

"그냥 안내 좀 해달라 그래. 한국에서 제일 유명한 작가님이라 하고."

"내가 알아요!"

"부탁해 보라니까!"

"일 없쎄요."

가끔 이해 못할 고집을 부리는 녀석, 잘 알아들었다는 녀석 덕분에 마을의 골목골목 구경은 아주 잘했다.

몇 번이나 오른쪽 왼쪽 되돌아 나오기를 거듭한 끝에 마침내 어느 골목 한가운데 있는 집 앞까지 갔다. 2층 양옥집 앞에는 중년 남자 하나가 세차를 하고 있었다.

"물어봐라."

"여기가 맞아요."

"물어보시지요."

"에!"

녀석이 세차하는 남자한테 뭐라고 묻자 남자가 고개를 크게 끄덕인다. 예전에 한국 군대 대장이 살던 집이란다. 그러면서 한국에서 왔다니까 대뜸 악수를 청한다.

나는 남자의 손을 잡은 채 집을 올려다보았다. 이곳이 철기 이범석, 한국광복군 제2지대장이 살던 집이라니…. 예전의 흔적은 어디에도 찾아볼 수 없는 아쉬움이 진하게 밀려왔다.

“집은 언제 고쳤나?”

“오래됐다. 내가 이사 오기 전이다.”

“안에 잠깐 들어가 봐도 되겠느냐?”

“커이可!”

그가 열어주는 크지 않은 철 대문을 열고 마당으로 들어섰다. 시멘트로 바른 넓지 않은 마당이었다. 철기 이범석 부부와 아들, 미혼의 민영주가 살았던 집, 준엽도 뻔질나게 드나들었던 집이 바로 여기였다. 민영주가 늦게 일을 마치면 이범석은 꼭 준엽에게 데려다주라고 했다. 이범석도 두 청춘 남녀가 결합되기를 바랐던 것은 아닐까? 준엽 스스로도 그렇게 생각하곤 했다.

혁명과 투쟁 속에서 피어나던 사랑이었다. 준엽은 민영주를 연인 이상으로 여기고 있었다. 예관 신규식 선생의 외손녀로 1922년 상하이에서 태어난 민영주는 임시정부의 항로를 함께 했다. 임정을 따라 중국 전역을 떠돌았고 충칭에서는 내무부, 재무부, 주석 판공실에서 근무하다가 이범석 장군의 요청으로 시안의 두우치杜曲까지, 준엽 일행과 같은 비행기를 타고 왔던 것이다.

* 철기 이범석 가족과 김준엽의 아내가 되는 민영주가 살던 집으로 알려진 곳.

준엽과 영주는 그런 사이였다. 코맹맹이 소리가 오가는 귀여운 연인이라기보다는 혁명과 조국과 투쟁을 말하는 동지였다.

이범석이 살았던 집의 마당 수돗가에 감나무 한 그루가 서 있었다. 대문 밖에서 봤을 때는 키 낮은 나무라서 그저 그런가 보다 했는데 가까이서 보니 감나무의 연륜이 보통이 아니었다. 감나무 둘레가 반 아름은 돼 보였다.

"이 나무는 언제 심었냐?"

"모른다."

"몇 살쯤 됐느냐?"

"백 년은 됐겠지 뭐."

준엽과 영주와 이범석이 살던 시대의 나무가 틀림없어 보였다. 통속적인 표현으로 저 감나무는 모두 알고 있으리라…. 그들을 낱낱이 목격했으리라….

다음에 또 찾아오겠노라며 사내와 인사를 나누고 골목으로 나왔다. 좁고 긴 골목, 그때 영주도 이 골목을 오래 바라봤겠구나. 밤늦게 자신을 바래다주고 저벅저벅 어두운 골목으로 되돌아 나가는 준엽의 뒷모습을 참 오래도록 바라봤겠구나….

OSS 훈련장으로

광복군 제2지대 연병장에서는 중산산終南山:종남산이 건너다보였다. 약 10리밖에 되지 않는 그 산자락에 OSS 훈련장이 있었다. 장준하 선생은 자서전 〈돌베개〉에서 중난쓰終南寺라는 사찰 인근에 훈련장이 있었다고 했다. 그리고 훈련장은 두우치杜曲에서 동남쪽으로 40여 리 떨어진 곳에 있었다고 했다.

그런데 자료들을 보면 두우치에서 동남쪽으로 40여 리 떨어진 지역에 중난쓰라는 사찰은 찾아볼 수 없었다고 되어 있다. 대신 그 지역에는 '미타고사彌陀古寺'라는 사찰이 있으며 현지인들도 이 사찰 인근에서 한국광복군이 훈련했던 것으로 기억하고 있다고 돼 있다.

"시안으로 가세요?"

두우치의 어느 거리 음식점에서 택시 기사와 함께 간단한 요기를 하자 녀석이 물었다.

"산으로 가자고 해라."

"어디요?"

"저기!"

나는 손을 뻗으면 잡힐 듯한 중난산을 가리켰다.

"저게 어디 가세요?"

"맨 꼭대기!"

"에?"

내비게이션에 '미타고사'라는 곳을 쳐보라고 했으나 기사는 안 나온다고 했다. 종이를 꺼내 미타고사를 써 주면서 다시 찾아보라고 해도 없다고 했다. 아직 업데이트가 덜 됐나? 나로서는 그 까닭을 알 수 없었다. 몇 해 전 쑹화강松花江을 취재할 때는 음성 내비게이션을 따라갔었다. 워낙 땅덩어리가 넓어서 지도 영상을 내비게이션에 다 담을 수 없다고 했다.

일단 무작정 산 입구로 가보기로 했다. 얼마 달리지 않아 중난산 입구가 나왔다. 입구라고 해서 바로 등산로와 이어지는 것이 아니라 자동차 도로가 여러 갈래로 나뉘고 있었다.

'우선 직진!'

산마루로 들어서자 또 좁은 길들이 여러 갈래로 나뉘어 있었다. 여느 산마루와 마찬가지로 마을 혹은 도시가 형성돼 있었다.

택시에서 내려 무작정 탐문을 해 보기로 했다. 기사의 얼굴이 아침에 팁을 받을 때와는 완연하게 달라지기 시작했다. 녀석과 기사가 이 가게 저 상점, 이 노인 저 할머니에게 다가가 미타고사를 묻기 시작했다. 그리고 얼마 뒤 미타고사의 위치를 확보한 녀석과 기사가 의기양양하게 돌아왔다. 장하다!

작은 골짜기 안에 들어앉은 미타고사 앞에 섰다. 이곳이었다. 한국광복군 OSS 대원 김준엽, 철기 이범석 장군의 부관이자 훈련생이었던 준엽과 50명의 한국광복군, 오로지 조국을 되찾겠다는 일념으로 미군 교관들 아래서 전문적이고 혹독한 훈련을 받은 곳, 그곳이 바로 이 사찰 근처 어디엔가 있었다.

대원들의 임무는 간단하고도 무거웠다. 잠수함이나 낙하산으로 한반도로 침투하여 미군 폭격기의 공습에 필요한 정보를 무전으로 알려주는 것이었다. 군사시설 탐지 및 폭파, 지하유격대 조직 및 지도, 연합군 상륙작전 동참 등이 OSS 대원들의 주 임무였다. 대원들로서는 난생처음 받아보는 전문 군사훈련이었다.

준엽이 배치된 곳은 무전반이었다. 그는 타전 기술과 무전기 조작과 수리법, 암호 작성과 해독, 심지어 암살법과 교량이나 건물 폭파까지, 다양한 특수 훈련을 받았다.

평일이라 그런지 사찰은 한산했다. 탐방객도 신도도 없었고 승려도 보이지 않았다. 문외한의 눈에도 미타고사는 정통 불교 사찰이라기보다는 도교적인 분위기가 많이 섞여 있는 듯했다. 입구의 불상은 우리의 불상과는 확연히 달랐으며 법당의 불상과 사찰 안의 다양한 조각품들이 묘한 이국적인 분위기를 자아내고 있었다.

훈련장을 오가며 땀에 전 그들은 이 사찰을 바라보며 간절히 빌었을 것이다. 동지들의 무사 안녕과 조국의 독립을….

* 중난산 미타고사의 불상. 이 사찰 가까운 곳에 OSS 훈련장이 있었다.

나는 법당 앞의 향로에 향을 꽂고 불을 붙였다. 그리고 아주 짧은 순간이지만 진심으로 준엽과 그의 동지들에게 존경과 감사의 마음을 바쳤다.

"믿으세요?"

"누굴?"

녀석이 턱 끝으로 불상을 가리켰다.

"너는?"

"몰라요."

"안 믿지?"

"다 끝났세요?"

녀석은 대답 대신 말머리를 돌렸다.

"아니, 타이이궁으로 가자."

"에?"

한국광복군 OSS 대원 숙소

자료에는 광복군 OSS 대원들은 타이이궁太乙宮:태을궁이라는 도교 사원을 숙소로 삼았다고 나와 있었다.

당시 타이이궁과 가까운 곳에는 중국군 부대도 있었기 때문에 그곳이 숙소일 가능성이 크다고도 했다. 당연히 타이이궁을 찾아봐야 했다. 그런데 사원의 위치를 너무나 쉽게 알 수 있었다. 현지인들은 한결같이 산 아래쪽을 가리키고 있었다. 뭔가 미심쩍었지만 가보기로 했다.

타이이궁의 위치를 확인한 기사의 얼굴이 약간 밝아졌다.

"시안으로 가는 쪽에 있쎄요."

녀석의 목소리도 가벼웠다. 미타고사에서 10여 분 내려오자 중국 전통 건축물들이 보이기 시작했다. 기사는 자신 있게 차를 세우더니 손가락으로 마치 중국 민속촌처럼 꾸며진 곳을 가리켰다. 수십여 채의 기와집들이 늘어서 있는 곳이었다. 골목에는 기념품 가게와 음식점들도 즐비했다. 감이 왔다.

'여기가 아니구나.'

아닌 게 맞았다. 실제로 중난산 아래는 타이이둥쩐太乙宮鎭:태을궁진 라는 지명도 있었고 '타이이궁문화거리' 같은 것도 만들어져 있었다.

"여기 아니야!"

"어떻게 아세요?"

"네 눈으로 봐라. 이게 어떻게 수백 년 된 건물이냐? 요즘 세운 거지."

"에? 에…."

위치상으로도 맞지 않은 듯했다. 당시 준엽과 광복군들은 훈련장과 숙소를 도보로 이동했을 것이다. 미타고사에서 산 아래 '타이이궁문화거리'까지는 걸어 내려오면 거의 한 시간, 걸어 올라가면 그보다 시간이 더 걸릴 거다. 이동도 훈련이라지만 이렇게 멀지는 않았을 것이다.

"이제 어디로 가세요?"

"아까 거기로!"

"에?"

"미타고사 쪽으로 가보자."

"안 돼요, 기사가 안 갈 거예요."

"안 가면 나머지 요금 안 준다고 해!"

"에?"

흙빛이 된 얼굴로 기사가 다시 산 쪽으로 차 머리를 돌렸다. 아까 미타고사를 탐문한 곳에 가서 이번에는 '타이이궁'이라는 도교 사원이 근처에 있었는지 물어보라고 했다. 다시 이리 뛰고 저리 뛴 둘이 고급 정보를 갖고 왔다.

"저 위쪽 오른쪽에 있쎄요."

다시 차에 올라 5분 정도 올라가니 오른쪽에 고색창연한 건물이 하나 나타났다.

"여기래?"

"맞아요!"

녀석이 '타이이궁'이라며 가리킨 건물, 미타고사와 멀지 않은 곳이었다. 걸으면 20~30분 가량? 이 정도 거리라면 숙소일 가능성이 훨씬 컸다.

건물은 세월의 무게에 짓눌려 있는 듯 보였지만 엉뚱하게도 건물 입구에는 '주점酒店' 간판이 붙어 있었다. 사원이 아니라 호텔이었다. 중국에서는 주점이 호텔이다. 그럴 수도 있겠다 싶어 열린 문 안으로 들어가 봤다.

호텔은 영업을 하는지 마는지 모를 정도였다. 다만 마당의 고목들과 쇠락한 도교풍의 정자들이 이곳이 사원이었을 수도 있겠다는 생각이 들게 했다.

출입문 유리창 안으로 들여다보니 건물 내부는 현대식으로 고쳐져 있었다. 누구라도 있으면 물어볼 텐데 호텔 관계자는 보이지 않았다.

다른 건 모두 변한 것 같았으나 호텔 뒤쪽 담장은 오래된 벽돌 담장 그대로였다. 붉은 칠을 한 담장 아래쪽은 벽돌이 그대로 드러나 있었다. 만약 이곳이 당시의 숙소였다면 이 담장 역시 준엽과 동지들의 뜨거운 열정을 지켜봤을 것이다.

예전의 타이이궁太乙宮이었다는 곳, 한국광복군 OSS 대원들의 숙소였을 것으로 추정되는 곳, 그곳을 돌아 나오면서도 나는 '매우 강한' 약간의 찝찝함을 털어내지 못했다. 이곳이 정말로 예전의 '타이이궁'이었는지? 믿을만한 사람의 증언을 내 귀로 듣지 못했기 때문이었다. 아닐 가능성이 더 컸다. 사진에서 봤던 타이이궁과는 너무나 달랐다. 더 찾아보고 싶었지만, 정말로 더 이상 시간이 없었다. 자칫하다간 택시 기사가 나를 버리고 달아나 버릴 것 같기도 했다.

기회가 된다면, 다시 확인해 보리라 다짐한다.

한국광복군 OSS 대원들의 훈련장이 있던 곳에서는 저 멀리 두우치杜曲마을이 내려다 보였다.

늦은 훈련을 마치고 숙소로 돌아가면서 준엽은 저 아랫마을에서 따듯한 등불처럼 자신을 기다리고 있을 신혼의 아내를 떠올렸을지도 모를 일이다.

시안 남쪽 중난산 기슭에서 한국광복군 OSS 1기 대원들은 힘든 훈련을 견디며 그날을 기다리고 있었다. 대한민국 임시정부의 국군이 되어 국내로 진공할 그날을 그리며 고된 훈련을 기꺼이 견뎌내고 있었다.

짧았던 시안의 문화 탐방

중난산 기슭에서 시안으로 돌아가자고 하면서 나는 호기롭게 아침에 약속했던 나머지 요금을 택시 기사에게 건네주었다. 당장 눈앞에 현금이 보이자 기사는 기분이 좋아진 듯했다. 나는 그를 더 기쁘게 해주고 싶었다.

"시안에서 가장 자랑하고 싶은 음식이 뭐냐? 그거 먹으러 가자, 너도 함께!"

녀석이 통역을 하자 기사가 택시 안의 음악 볼륨을 높였다. 내 귀에는 소음이었다.

시안 시내에서 택시 기사가 안내하는 음식점으로 들어가면서 나는 적잖이 실망했다. 여행 프로그램에서 가끔 봤던 어마어마한 규모는 아니더라도 '한국에서 제일 유명한 작가님'을 모실 정도의 규모는 될 줄 알았는데 아니었다. 그냥 동네 식당, 자기 단골 식당 같았다.

"뭐 이런 델 오냐?"

"몰라요."

"메뉴가 뭐래?"

"몰라요."

"아는 게 뭐니?"
"몰라요."
"마!"
"그래도 맛있대요."
"맛없으면 네가 돈 내야 해!"
"에?"

기사의 주문이 끝나자마자 마치 예약이라도 한 듯이 머리 위에 흰 모자를 쓴 사내가 커다란 대접 세 개를 내왔고 대접 안에는 호떡처럼 생긴 납작한 빵이 담겨 있었다. 밑반찬도 수저도 국물도 없이 대접에 넓적한 빵 하나, 어이가 없었다.
"이게 뭐야?"
"뜯으래요."
"이게 갈비냐?"
"아녜요. 빵이에요."
"빵인 줄은 나도 알아. 근데 왜 뜯으래?"
"몰라요!"

택시 기사가 시범을 보였다. 기사는 손으로 빵을 잘게 뜯어내기 시작했다. 메뉴는 파오모泡饃, 직역하자면 거품 찐빵이었다. 잘게 뜯을수록 더 맛이 있다고 했다. 중노동이었다. 큰 호떡만한 빵을 잘게 뜯는 것이 결코 쉬운 일이 아니었다. 손목도 아프고 팔도 아팠다. 손님한테 이런 중노동을 시키다니. 오로지 집중과 인내로 마침내 빵을 다 뜯었다. 거의 20분은 걸린 듯했다. 그러자 회족 사내가 다가오더니 금속 번호표를 하나씩 주고는 다 뜯은 빵 대접을 다시 주방으로 가져갔다. 가기 전에 양고기냐 소고기냐고 물었다. 나는 양羊이라고 의기양양하게 말했다.

잠시 후, 잘게 뜯긴 빵 조각이 가득한 대접에 양고기와 국물을 넘치듯이 담아 내왔다. 결론적으로 바둥의 만찬과 더불어 이번 여정에서 가장 맛있고 가장 인상적인 음식이었다. 국물은 진하고 고소했으며 양고기는 부드러웠다. 국물을 머금은 빵은 거품처럼 더 부드러웠다. 음식 이름이 '거품 찐빵'인 이유를 알 것 같았다.

파오모를 다 먹고 나자 날이 꽤 저물었다. 전체 여정의 마지막 밤이 남아 있었다.

"시안 성벽 들렀다가 회족 문화거리로 가자고 해."

"안 된대요."

"왜? 팁 줬잖아."

"차 바꿔야 돼요."

"이 차도 좋다고 해."

"회사 들어가야 된대요."

"왜?"

"있쎄요 그런 거."

“그런 게 뭔데?”

“차 가져다 줘야 해요.”

법인 택시 교대 시간이란 걸 모를 리 없었지만 나는 녀석을 좀 더 놀렸다. 배가 불러서 그랬을 것이다. 기사더러 내일 호텔로 와서 시안 공항까지 태워다 달라고 하자 좋아라 했다. 녀석과 나는 지하철을 타고 회족 문화거리 가까운 곳에 내렸다. 회족 문화거리는 무슬림들의 야시장, 여행 프로그램을 통해 볼 때마다 한번 가봤으면 하던 곳이었다.

넘쳐나는 엄청난 인파, 인파만큼 다양한 먹을거리, 부드러운 밤바람, 저런 거리의 야외 테이블에 앉아 맥주 한잔하면 분위기 좋겠다! 싶었다.

“성벽부터 올라가 보자.”

장안성벽 위에서 바라보는 시안의 야경도 괜찮을 것 같았다. 우리 조선이 건국되기 전에 쌓았다는 명나라의 성벽, 지금 남아 있는 성벽의 둘레는 약 14km, 높이 12m, 성벽의 폭은 거의 왕복 2차선 도로만 하다고 했다. 다 둘러보려면 자전거를 빌려 타야 한다고 했다.

도로를 건너 인파를 따라가니 성벽 아래 기다란 줄이 있다. 입장권을 끊어야 한다고 했다. 고작 성벽 한번 올라가 보겠다는데 입장권이라니, 나는 약간 ‘배알’이 꼴렸다.

“얼마래?”

“54위안이에요.”

"엉?"

둘이면 106위안? 성벽 한번 올라가는데 거의 2만 원이라고? 기준이 뭔지 모르지만 비싸다는 생각이 확 들었다기보다는 묘한 질투심이 생겼다. 이렇게 많은 관광객, 하룻밤 입장료 수입만 도대체 얼마나 될까? 만 명이면 2억, 10만 명이면 20억, 일 년이면? 조상들이 피땀으로 쌓은 성벽 덕분에 가만히 앉아서 거액을 벌어들이는 후손들, 상술의 달인. 나까지 보태줄 필요는 없겠다 싶었다.

"저 위에 가봤어?"

"나도 시안 처음이에요."

"위에 뭐 있어?"

"아무것도 없쎄요."

"한 바퀴 도는 데 얼마나 걸려?"

"몰라요?"

"세 시간은 걸린다더라."

"에?"

"나는 산에 갔다 왔더니 좀 피곤하네. 너 혼자 한 바퀴 돌고 사진 좀 찍어 와."

"가지 마쎄요."

깨끗하게 성벽을 포기한 우리는 시안의 랜드마크라는 종루鐘樓를 지나 회족 문화거리로 들어섰다. 들어섰다기보다는 떠밀려 들어갔다. 끝도 보이지 않는 거리, 두 손을 높이 치켜 들고 사진을 찍은 다음 확인해 보니 빼곡한 인파 탓에 바늘하나 꽂을 틈 없을 것 같았다.

그곳은 한마디로 뒤범벅이었다. 사람, 향신료 내음, 고기 굽는 냄새 그리고 각종 소음까지 모든 것이 뒤엉켜 있었다. 통째로 굽는 양고기, 각종 꼬치, 종류를 셀 수 없을 정도로 다양한 과일과 한 집 건너 하나 꼴로 있는 석류즙 가게 등. 이상하게도 식욕이 돌지 않았다. 400~500m 정도 떠밀려 가다 보니 금방 싫증이 났다. 똑같은 패턴이 반복되고 있었다.

"저기 들어가서 좀 쉬자."

나는 그중에 한가해 보이는 가게 안으로 들어갔다.

"뭐 드시겠쎄요?"

"우선 목이나 축이게 맥주 한 병!"

녀석이 불러도 대답 없는 종업원한테 가더니 그냥 돌아왔다.

"여긴 술 안 판대요. 이거 때문에."

그러면서 녀석은 제 머리를 가리켰다. 무슬림들이 쓰는 모자를 뜻하고 있었다.

"다른 가게는?"

"전부 안 팔아요."

"가자."

술을 안 파는데도 이렇게 많은 사람들이 몰려오나니, 별세상이로다. 나는 조명이 화려한 종루 앞 계단에 앉아 캔 맥주를 홀짝거렸다. 어쨌거나 나는 시안의 그 유명하다는 회족 문화거리 야시장을 구경

한 사람이 되긴 된 것이다.

시안의 마지막 밤이자 여정의 끝, 그날 나의 SNS는 이런 문장으로 끝맺고 있었다.

'회족 야시장을 돌아본 다음 89위안짜리 발 마사지를 받았다.
총장님께서도 이 정도는 용인해 주시리라-'

느닷없이 찾아온 광복

1945년 7월 말, 준엽은 동기생 50여 명과 함께 제1기 한국광복군 훈련을 마쳤다. 3개월간의 특수 훈련을 마친 그들은 용기백배 사기충천이었다.

광복군 OSS 대원들은 국내의 활동 지역을 각각 배당받았다. 준엽은 강원도 반장을 맡았고 장준하 동지는 경기도였다. 이제 국내로 진공할 날만 기다리면 되었다.

이범석 장군은 8월 1일자로 국내로 진입할 모든 대원을 대위로 승진시켰다. 대원들의 사기를 위해서였다. 더 놀라운 일도 있었다.

8월 7일 김구 주석과 이청천 광복군 총사령관이 미군 수뇌부와 함께 두우치를 찾은 것이다.

한반도 상륙작전을 위한 회의도 하고 OSS 대원들의 훈련 상황도

시찰하는 것이 방문의 목적이었다. 김구 주석 등을 맞은 대원들의 어깨가 한껏 올라갔을 것이다.

그날 밤, 최종 작전회의를 마친 김구 주석과 이청천 총사령관을 환영하는 모임이 열렸다. 모두 노래와 춤을 즐겼으며 심지어 과묵한 이범석도 무대로 올라 노래를 불렀다고 준엽은 그날을 기록하고 있다.

다음 날은 수뇌부들이 중난산 훈련장으로 이동하여 대원들의 훈련 상황을 시찰했으며 대원들의 기량을 직접 목격했다. 김구 주석은 백범일지에 이날 모든 대원이 미군 수뇌부가 감탄할 정도로 우수한 기량을 보였다고 썼다.

다음날인 8월 9일에는 사전트 소령Clyde B. Sargent이 쿤밍昆明에서 공수해 온 무기와 무전기, 조선 은행권, 금괴, 각종 가짜증명서, 국민복, 모자, 신발 등 국내 것과 똑같은 장비들을 이범석 장군에게 인계했다.

이로써 준엽과 한국광복군 OSS 대원들은 국내로 진공할 모든 준비를 마쳤다. 준엽은 일본군을 탈출할 때와는 또 다른 긴장감을 느끼고 있었다.

그러나 역사의 운명은 전혀 다르게 흘러가고 말았다.

1945년 8월 10일, 한국광복군 제2지대에 전통이 한 통 왔다. OSS

대원들은 그것이 출동 명령이라고 짐작하고 있었다. 그런데 아니었다. 일본이 '포츠담 선언'을 무조건 수락하겠다는 뜻을 중립국을 통해 연합군 측에 알려왔다는 것이었다.

포츠담 선언은 약 한 달 전쯤인 1945년 7월 미국, 영국, 중국 대표가 포츠담에 모여 일본의 항복과 전후 처리에 대한 원칙을 발표한 선언이었다. 이 포츠담 선언에는 한국의 독립도 포함돼 있었다. 일본이 포츠담 선언을 받아들인다는 것은 한국이 독립국이 된다는 의미였다.

일왕의 공식항복 선언은 8월 15일이지만, 히로시마와 나가사키에 원폭이 투하된 직후 일본은 항복을 결정하고 이를 연합국에 통보했던 것이다.

미군들은 샴페인을 터뜨리고 서로 껴안으며 그야말로 광적인 반응을 보였다. 그러나 준엽과 동지들은 마냥 기뻐할 수만은 없었다. 고대하던 국내 진공 작전이 무산되는 순간이었다. 그래도 준엽과 동지들은 함께 애국가를 불렀다. 울음 섞인 애국가였을 것이다.

느닷없이 찾아온 광복, 이제 준엽과 동지들 앞에는 전혀 다른 시간이 기다리고 있었다.

시안을 떠나며

짧디짧았던 여정의 마지막 날, 호텔 근처 골목길

에서 간단히 아침밥을 먹고 나자 어제의 택시 기사가 도착했다. 기사는 활짝 웃으며 매우 반갑게 인사를 했다. 어제 하루 함께 다니고 밥 한 끼 나눴다고 정이 든 척하는 건가?

묵었던 숙소에서 시안 공항까지는 40분쯤 걸린다고 했다. 공항은 시안시가 아니라 인근의 셴양시咸陽市에 있다고 했다. 시안 시내의 체증에 시달리다가 외곽으로 벗어나자 공항으로 이어지는 도로가 시원스레 뚫려 있었다.

공항에 도착하자 택시 기사가 내리더니 트렁크에서 까만 비닐봉지 하나를 꺼내 나한테 건넨다.

"뭐래?"

나는 녀석에게 물었다.

"선물이래요."

"선물?"

받아서 꺼내 보니 술잔이었다. 그랬다. 술병도 아니고 술잔이었다. 유리잔에 뚜껑이 덮여 있고 그 안에 하얀 액체가 들어 있었다. 말하자면 휴대용 잔술이었다.

"술을 좋아하시는 거 같아서 주신대요."

"쎄쎄 헌 쎄쎄."

뭐 비싼 것도 아닌 것 같고 마다할 이유가 없었다. 몇 번이나 '다시 보자'는 '짜이젠'을 주고받은 다음 택시 기사는 떠나갔다.

"너도 이제 가라!"

"에?"

"비행기 타러 가려고."

"들어가시는 거 보고 가겠쎄요."

"나 혼자 탈 수 있어."

어젯밤, 녀석은 시안에서 열차를 타고 칭다오青島로 돌아간다고 했다.

"시안에서 칭다오까지 얼마나 걸려?"

"20시간쯤요."

"비행기는?"

"비싸요."

"비행기 타라. 내가 보태 주마."

"에?"

"여자 친구 있어?"

당황해하는 녀석의 얼굴을 보며 화제를 돌린다는 것이 불쑥 여자 친구 존재를 물었던 것이다.

"있쎄요."

"엉? 있어?"

열흘 정도 함께 다니면서 살펴본 바로 나는 녀석이 여자 친구를 갖출만한 오지랖이 없을 거라고 지레짐작하고 있었던 것일까! 여자 친구 있다는 말이 의외로 들렸다.

"한족? 아니면 우리 동포?"

"조선족이여요."

"몇 번째 여자 친구야?"

"모르겠써요. 안 세어 봤쎄요."

헐….

"이제 그만 하고, 지금 여자 친구하고 결혼해!"

"돈 없쎄요."

"마, 결혼은 사랑으로 하는 기야!"

"에? 알았쎄요."

'어림 없는' 나의 말을 녀석이 순순히 수긍하는 척했다.

"꼭 오쎄요. 초대 하겠쎄요."

결혼하게 되면 꼭 가겠다는 나의 말에 녀석이 한 대답이었다. 그 대답을 남기고 녀석은 국내선으로 갔다.

배낭을 메고 검색대로 가다가 '아차' 싶었다. 액체류 반입 금지! 택시 기사가 준 술잔이 떠올랐다. 이걸 어쩐다? 배낭 속에 비상식량으로 구겨져 있던 비스킷을 안주 삼아 대합실 한구석에 앉아 기사의 선물을 세 번에 나눠 마셨다. 핑 돌았다. 다 마시고 유리잔을 보니 53도라고 쓰여 있었다.

준엽의 귀국 비행

1945년 8월 18일, 시안 비행장에서 준엽은 C-47

미군 수송기에 올랐다. 수송기는 새벽 5시에 이륙했다. 수송기의 목적지는 여의도 비행장이었다. 준엽이 일본의 느닷없는 항복 소식을 들은 것이 8월 10일. 그리고 일왕이 항복을 공식 발표한 날이 8월 15일. 그러니까 준엽은 광복 3일 후에 시안 공항을 떠나 귀국길에 올랐던 것이다.

당시 미 수송기에는 모두 22명이 타고 있었다. 미국 측 18명과 한국 측 4명, 준엽과 이범석 장군 그리고 장준하와 노능서가 수송기에 타고 있었다. 마침내 귀국 길에 오른 준엽과 두 동지, 그들의 임무는 막중했다. 비행기에 오르기 전, 이범석 장군은 귀국 목적을 정확하게 하달했다.

국내에 진입하는 대로 일본군에 소속돼 있는 한국인 병사들을 인수해야 하며, 일본군의 무기를 접수해야 하며, 국민 자위군을 조직하고 불순한 세력들이 준동할 수 없도록 미리 조처하며, 국내의 애국지사들과 협조하여 우리 임시정부가 국내로 돌아갈 수 있는 분위기를 조성하는 것 등이었다. 아직 젊은 준엽과 동지들에게는 막중하기 그지없는 임무였다.

수송기가 산둥성 지난濟南 상공으로 진입하자 준엽은 1년 반 전의 일을 떠올렸다. 자신이 새벽에 탈출하던 일본군 부대가 바로 발아래에 있었다. 시안을 떠난 지 여섯 시간쯤 지났을 무렵, 수송기는 서해 상공을 날고 있었다. 준엽은 창에 얼굴을 바짝 대고 바깥을 내려다보았다.

하늘은 맑았고 인천 앞바다의 섬들은 아름답게 점점이 떠 있었다. 그 비행기 안에서 철기 이범석은 몇 번이고 손수건으로 눈가를 닦았다고 했다. 조국을 떠난 지 30여 년 만에 돌아오는 이범석, 그의 감회는 깊었을 것이다.

'잠시 후 인천국제공항에 도착한다'는 기내 방송에 나는 잠에서 깼다. 시안 공항에서 마신 선물 덕분인지 때문인지, 나는 비행 내내 잠들어 있었다. 얼른 창밖을 내다보니 바다와 섬들이 보였다. 그때 준엽이 봤던 하늘만큼 맑고 푸르지는 않았지만 어쨌든 나도 준엽이 날았던 그 항로를 따라 돌아오고 있었다.

이범석 장군이 만 30년 만에, 준엽은 약 2년 만에 돌아오는 고국을 나는 고작 열흘 만에 돌아오고 있었다.

수속을 마치고 공항 밖으로 나와 핸드폰을 켜니, 잘 도착했다는 녀석의 문자가 와 있었다. 녀석과 헤어진 지 벌써 몇 년째, 나는 아직도 칭다오로 초대받지 못하고 있다.

여의도의 밤

1945년 8월 18일 한낮, 준엽이 탄 미 수송기는 여의도 활주로에 착륙했다. 당시 여의도에는 아직도 일본군 무장 병력이 주둔하고 있었다. 일장기를 붙인 수많은 일본군 비행기들이 즐비했고 중형 전차도 있었다.

일본군의 무장을 해제하고 여의도 비행장을 접수하는 것이 준엽 일행의 임무이자 목표였다.

준엽 일행은 전의가 없다는 것을 보이기 위해 기관단총을 어깨에 걸친 채 차례로 수송기에서 뛰어 내렸다. 과연 일본군은 어떤 반응을 보일 것인가? 사흘 전 일왕이 항복 선언을 했지만, 전장의 분위기는 아직 달랐다.

준엽 일행이 수송기에서 내리자 완전무장한 일본군들이 에워싸기 시작했다. 심지어 방독면까지 쓰고 있었다.

일촉즉발의 대치 상황. 뒤이어 미군의 펄드 중령과 일본의 조선군 사령관 조츠키上月良夫 중장이 마주 섰다. 일본 측은 지금은 정전만 한 상태니 돌아갔다가 휴전이 되면 다시 오라고 주장했다. 그러나 준엽 일행은 무조건 항복을 했으니 도쿄의 명령은 필요 없다고 주장했다.

뙤약볕 아래에서의 팽팽한 줄다리기. 일본 측은 시원한 곳에서 이야기를 하자며 준엽 일행을 포플러 그늘로 안내했다. 그런데 거기에는 이미 몇 병의 맥주와 사이다 그리고 담배가 준비되어 있었다.

결론적으로 그날의 협상은 실패했다. 일본군은 완강하게 저항했고 결국 미군 장교들은 다시 중국으로 돌아가기로 결정했다. 준엽과 장준하와 노능서는 이 상황에 분노하고 절망했지만, 그들이 할 수 있는 것은 없었다.

준엽 일행은 그날 밤, 여의도에서 일본군이 제공한 다다미방에서 하루를 머물렀다. 일본 측은 다시 맥주와 안주를 제공했다. 일본군 장교들은 무릎을 꿇고 공손하게 술을 따랐다. 준엽은 비로소 일본군이 항복했다는 사실을 실감할 수 있었다.

그날 밤 장준하는 일생일대의 경험을 했다. 독실한 기독교인으로 술과 담배를 일절 하지 않던 그가 처음으로 술을 마신 것이다. 그것은 준엽 동지의 강권에 의한 것이었다.

준엽은 장준하에게 잔을 건네며 '승리의 잔'이라고 생각하며 마시라고 했다. 장준하는 거절하지 않았다.

그렇게 승리의 잔을 마신 일행은 다음 날 평양으로부터 공수된 연료를 주입한 후 여의도를 떠났다. 뜻한 바를 이루지 못하고 졸지에 다시 중국으로 돌아갔다. 그들의 항로는 오롯이 미군의 결정에 따른 것이었다. 애통했을 것이다. 그 수송기 안의 김준엽, 장준하, 노능서, 그리고 철기 이범석! 미군들은 안전한 귀환을 다행스러워 했을 것이다.

여의도 그 비행기

2019년 4월 어느 날, 나는 매우 홀가분한 마음으로 여의도공원으로 들어서고 있었다. 2019년은 임시정부 수립 100

년. KBS에서는 임시정부 수립 100주년 특별기획 다큐멘터리 2부작을 기획했고 그 원고를 맡았던 나는 막 탈고를 하고 약간의 허탈감과 후련함을 안고 여의도 공원으로 들어섰다. 그리고 그 비행기 앞에 섰다.

여의도공원 한편에 서 있는 낡은 비행기, 바로 준엽이 타고 왔던 C-47 미 수송기였다.

수송기 앞에 서면 약간 오른쪽으로 높다란 태극기가 펄럭이고 있어 각별한 느낌을 준다. 나는 천천히 계단을 올라 수송기 안으로 들어갔다. 딱딱한 의자와 몇 개의 창밖에 없는 단순한 실내, 준엽이 눈이 빠지도록 서해 바다와 고국의 섬을 내다봤던 유리창은 A4 정도의 크기였다. 이 작은 창으로 고국 산하를 내려다보며 그때 젊은 준엽은 장준하 등과 함께 얼마나 가슴 설레고 얼마나 긴장했던가!

여의도에서 다시 중국으로 돌아간 준엽은 몹시 바쁜 날들을 보냈다. 되찾은 조국, 할 일이 더 많았다. 광복군은 이범석 장군을 국내정진군征進軍 총사령관으로 임명, 광복군을 국내로 진입시키고 또한 중국 안에 있는 한국인 출신의 일본군 약 10만 명을 광복군으로 편입시켜 국내로 진입시키기로 했다. 이를 위해 준엽은 쿤밍昆明과 상하이上海 등지로 바쁘게 다녔다.

그러나 역사의 물줄기는 준엽, 광복군, 임시정부 요인 그리고 애국지사들의 여망과는 전혀 다르게 흘러갔다. 미군정은 임시정부 요인들에게 개인 자격의 귀국만을 허락했다. 준엽은 상하이에서 7함대 사령부를 드나들며 광복군의 국내 진공을 추진했으나 그들은 아무런 응답이 없었다. 준엽뿐만 아니라 우리 현대사에서 가장 아쉬운 대목이다.

미군정은 임시정부 요인들을 개인 자격으로 입국하게 했다. 1945년 11월, 상하이를 경유하여 김구 주석 등 임시정부 요인들은 미군이 제공한 중형 수송기를 타고 김포 공항에 착륙했다. 미군 몇 명만이 이들의 귀국을 지켜봤을 뿐 환영 인파는 없었다. 임정 요인들은 미군이 제공한 장갑차 몇 대를 나눠 타고 서울로 이동했다.

미군정은 임정 요인들과 국민들의 접촉을 최대한 막으려 했던 것은 아닐까? 그 쓸쓸하고도 기괴한 귀국길에 장준하도 동승하고 있었다.

광복군의 귀국길은 더 비참했다. 이청천 총사령관도 개인 자격으로 귀국했고 중국 각지에서 광복군으로 재편성된 이들도 난민 같은 모습으로 귀국선을 탔다. 그리고 몇 개월 후 광복군은 실질적으로 해체되고 말았다.

만약 무장한 광복군이 국내로 진공했더라면? 온 국민의 대대적인 환영을 받으며 서울 시가지 행진도 하고, 해방된 조국에서 체계적인 국군으로 재편성됐더라면 어땠을까? 나중에 준엽이 술회했듯이 분단도 전쟁도 여순사건 같은 비극적인 일도 발생하지 않았을지 모를 일이다. 어쩌면 국군의 날도 광복군 창립일로 정해졌을지 모를 일이다.

꽤 오랫동안 준엽의 수송기 안에 머물렀지만, 그동안에 비행기 안으로 들어오는 사람은 아무도 없었다. 다시 밖으로 나오자 바람 속에 꽃내음이 섞여 있었다.

광장에는 많은 젊은이가 농구를 하고 자전거를 타고 있었다. 공원 산책로에도 많은 이들이 봄을 맞고 있었다. 평화롭고 아름다운 광경이었다. 저들은 알고 있을까? 80여 년 전, 이 비행기에 올랐던 한 젊은이의 뜨거웠던 인생 항로를, 그리고 그 젊은이와 함께했던 그들이 있어 오늘의 우리가 있다는 사실을 알고 있을까? 알고 있겠지….

학문의 길로 들어서다

그 무렵 준엽은 심각한 고민에 빠져 있었다. 김구 주석을 따라 국내로 들어와 정치에 투신할 것인가? 아니면 학문의 길을 걸을 것인가? 고심 끝에 준엽은 중국에 남기로 했다.

이후 1946년 2월, 준엽은 중국 '국립동방어전문학교'에 신설된 한국어과의 한어 담당 교수로 취직했다. 여전히 게이오대학 동양사학과에 적을 두고 있던 대학생 준엽이 전임강사가 된 것이었다. 젊은 준엽에게 빛나는 시간이 주어졌다. 중국어 공부에 매진했으며 그가 꿈꾸던 중국사에 몰입했다. 아들도 태어났고 '국립중앙대대학원'에도 입학했다.

김준엽은 마침내 1949년 고려대학교에서 교편을 잡았다. 이후 김준엽은 평생 학자의 길을 걸었다. 정치권에서는 끊임없이 그에게 러브 콜을 보냈지만, 그는 단 한 번도 응하지 않았다. 30여 권의 저서와 다섯 권의 역서를 남겼으며 17권의 서적을 편찬했다.

이 답사기를 정리하는 동안 어느 선배님으로부터 총장님 관련 일화를 하나 들을 수 있었다.

선배님께서는 해마다 연말이면 몇몇 제자들과 함께 총장님을 모시고 송년 자리를 마련해 오신 모양이었다. 어느 연말 송년회 자리에서 총장님께서 한참을 창밖을 바라보시다가 한 말씀 하셨다고 했다.

"한 가지 숙제를 십 년 걸려 다 이루었네."

총장님은 마치 혼잣말처럼 나지막이 말씀하셨다. 궁금해진 선배님께서 여쭸다고 했다.

"예? 무슨 말씀인가요?"

"중국에 한국학연구소 10개를 만드는 데 꼭 10년이 걸렸구먼."

이 말씀을 들은 선배님을 깜짝 놀라 되물었다고 했다.

"아니, 그 중요한 일을 어찌 사전에 알리시지 않고 다 마무리된 지금에야 말씀하십니까?"

"만들어내는 것이 중요하지 않은가? 여러 사람이 많이 도와주셨네. 대우 김우중 회장, 진로 장진호 회장 등이 하나씩 맡아주시기도 하고…."

총장님은 그런 분이라고 했다. 소중하고 반드시 해야 할 일이라면 기필코 이뤄내셨고 그 과정에서 잡음 없이 자랑 없이 큰 소리 내지 않고 묵묵히 이뤄내시는 분이라고 했다.

중국 10개 대학에 한국학연구소를 만든다는 것, 중국 전역에 수많은 지한파, 친한파 인재를 발굴하고 키우려고 한 것이 총장님의 원대한 뜻이었을 것이다.

그런 총장님께서 일구신 또 하나의 우뚝한 업적은 고려대학교 아세아문제연구원이었다.

지금은 아시아 지역연구의 대표적인 연구소가 된 아세아문제연구원, 1957년 아세아문제연구소로 출범한 연구원의 탄생도 총장님의 노력이 거둔 결실이었다. 1958년에는 계간지 〈아세아연구〉를 창간하여 지금까지 이어오고 있으며, 그동안 수많은 국제학술행사와 세미나 등으로 동북아 지역 연구의 중심으로 자리 잡아 세계적인 연구소로 발돋움하고 있다.

총장님께서 굳이 아시아문제연구소를 만드신 의도와 온갖 정성을 쏟으신 이유는 연구소 근처를 지나만 다녔던 나도 충분히 짐작 가능하다.

총장님을 일컫는 또 하나의 수식어, 바로 애국지사다. 총장님은 1963년의 독립유공표창장을 시작으로 국민훈장 동백장, 건국포장, 평화문화상, 국민훈장 모란장과 건국훈장 애국장 등을 받았으며 2011년에는 국민훈장 무궁화장에 추서되었다.

에필로그 I

총장님께서 그토록 원했던 나라

탈고를 앞둔 2023년 6월, 나는 국립대전현충원을 찾았다. 지난 2011년 여든여덟의 일기로 생을 마감한 총장님. 그 길었던 역사의 시간 중에서 나는 학병을 탈출, 한국광복군에 투신했던 총장님 '장정'의 시간만을 되짚어봤다. 그것도 고작 열흘 만에 끝내고 말았다.

가볍고 짧을 수밖에 없는 이 답사기, 도대체 어떻게 마무리해야 한단 말인가! 어쩌면 총장님께서 길을 알려주실지도 모른다는 생각으로 나는 대전현충원을 찾았다.

현충일을 하루 앞둔 날, 이른 시각인데도 입구부터 많은 차량이 들어가고 있었다. 현충원 입구 안내소에 가서 총장님 묘소 위치를 안내 받았다. 독립유공자 제4묘역 397번, 친절한 안내원은 약도를 프린터하여 형광펜으로 총장님 묘소까지 가는 길을 표시해 주었다.

독립유공자 묘역은 매우 한산했다. 총장님 묘소는 쉽게 찾을 수 있었다. 멀지 않은 곳에 있는 제6묘역에는 지난 2021년에 생을 다하신 사모님 민영주 애국지사의 묘소가 있다.

총장님의 묘비는 단순하고 내용은 명료했다. 묘비 아랫단 까만 오석에는 '그립습니다' 다섯 글자와 가족들의 이름이 새겨져 있었다.

뒷면에는 당신의 생몰연대와 간단한 이력, 그리고 포상 내용이 새겨져 있었다. '애국지사 김준엽의 묘'에 꽃을 바치고 묵념을 올렸다.

국립대전현충원에는 모두 360위의 한국광복군이 모셔져 있다. 2022년에는 수유리에 모셔져 있던 17위의 광복군 유해가 제7묘역으로 이장되었다. 총장님 계신 곳에서 그리 멀지 않은 곳에 총장님과 동지들이 함께 모였다!

총장님을 처음 뵌 것은 장대비가 쏟아지던 입학식 날이었다. 본관 앞에서 열린 1983년 고려대학교 입학식, 우산도 없이 지각을 했던 나는 다른 과 여학생이 받쳐주는 우산에 겨우 한쪽 어깨만 집어넣은 채 입학식을 치렀다.

내가 막 도착했을 때는 총장님의 축사가 진행되는 듯했다. 그날 나는 총장님을 제대로 뵙지 못했다. 내 앞에는 수많은 우산이 있었고 총장님과의 거리는 너무 멀었다. 우산 위로 떨어지는 빗소리 탓에 총장님의 축사 내용은 제대로 들리지 않았다. 대신 카랑카랑하던 그 목소리만은 지금도 또렷하다.

그 후로도 평범한 학생과 총장님과의 거리는 멀었다. 고·연전 응원전이 펼쳐지는 운동장에서, 승용차에서 오르내리는 모습, 어쩌다 본관 앞을 지나치는 모습을 먼발치서 바라봤을 뿐이다. 총장님의 차량 번호는 1905였던 것으로 기억한다. 고려대학교가 개교한 1905

년을 차량 번호로 사용한 것이라고들 했다.

그리고 부끄럽게도 당신이 학병 탈출 제1호, 한국광복군과 OSS 대원 출신이라는 것을 오랫동안 모르고 지내왔다. 1985년 당신의 고별사가 있었던 졸업식장에서도 나는 먼발치서 울분에 젖어 있었을 뿐이었다.

총장님께서 영면에 드신 지 10여 년, 총장님께서 바랐던 나라는 어떤 나라였을까? 대한민국의 현대사와 함께 호흡하면서 당신은 참 많이 괴로우셨겠구나 라는 생각이 들었다.

1949년 고려대학교 교수가 된 총장님, 이듬해 민족 최대의 비극 6.25 전쟁을 겪었고 조국이 분단되는 현실을 직접 목격했다. 한때 당신이 자주 만나고 존경했던 이승만 대통령이 하야하고 망명하는 현실도 목격했다. 몹시도 착잡하셨겠지….

박정희 등이 일으킨 군사 쿠데타, 그리고 18년 동안 이어진 독재와 폭압 정치, 뒤이은 전두환 등의 신군부 등장과 군부 독재. 이에 저항하고 희생하는 제자들을 보면서 역시 괴로우셨을 것이다. 그리고 제자들을 보호하기 위해 스스로 고대 총장직을 내려놓았던 당신. 당신이 목숨 걸고 되찾고 일궈 나가려던 나라는 이런 나라가 아니었을 것이다.

1987년 6월 항쟁 이후 헌법 개정이 있었다. 국민의 요구를 받아들여 대통령직선제를 골자로 하는 개헌이었다. 헌법 개정 작업이 한창일 무렵, 총장님은 당시 여당 국회의원이던 이종찬 전 국가정보원 원장을 만났다. 이종찬 전 원장은 우당 이회영 선생의 손자, 일제강점기에 천문학적인 재산을 처분, 여섯 형제가 모두 만주로 망명하여 신흥무관학교를 세우고 숱한 항일운동을 전개했던 바로 그 집안의 후예였다.

총장님은 헌법 전문에 대한민국은 임시정부의 법통을 이어받는다는 것을 명시해야 한다고 주장했다. 총장님의 주장이 받아들여져 지금의 우리 헌법 전문이 탄생했다.

'유구한 역사와 전통에 빛나는 우리 대한민국은 3·1운동으로 건립된 대한민국임시정부의 법통과 불의에 항거한 4·19민주이념을 계승하고, 조국의 민주개혁과 평화적 통일의 사명에 입각하여….

〈대한민국헌법전문 중에서〉

총장님의 묘비 앞에서 부질없는 상상을 해 봤다. 젊은 준엽의 여망대로 임시정부 요인들과 광복군이 해방된 조국으로 돌아와 정부를 구성하고 국군을 편성했더라면 전쟁과 분단은 없었겠지. 완전한 독립 국가, 자주 국가 대한민국은 세계와 경쟁하고 협력하며 당당한 나라로 발전했겠지. 한라에서 백두까지 아름다운 자연과 환경을 지키며 사람들은 수준 높은 문화를 가꾸고 누리는 나라가 되었겠지.

젊은이들은 사랑하고, 중년들은 일하고, 장년들은 넉넉하고, 노년들은 평안한 나라! 서로를 배려하고 아끼며 하루하루가 감동으로 벅찬 사람들이 살아가는 그런 나라가 되었겠지. 총장님이 그토록 원했던 나라, 바로 이런 나라였겠지!

'현실에 살지 말고 역사에 살라'
'역사의 신을 믿으라'

당신께선 이렇게 설파하셨는데, 당신께서는 역사는 반드시 발전한다고 하셨는데, 당신이 원하던 만큼 우리 역사는 발전했을까? 당신께서 굳게 믿었던 역사의 신은 도대체 어디에 계신 것일까?

총장님 묘소에 다시 묵념을 올리고 천천히 돌아 나왔다. 독립유공자 묘역을 빠져나올 무렵, 눈시울이 뜨거워졌다. 준엽 동지를 온전히 만나지 못하고, 총장님의 길을 제대로 따르지 못한 회한의 눈물이었을 것이다.

끝을 맺으며…

이상한 버릇이 있다. 어떤 원고든지 탈고를 하고 나면 꼭 '문서통계'를 눌러본다.

11만 9천 4백 16자, 이 답사기 본문 글자 수다.

한 글자에 최소 손가락 세 번씩, 오타 포함하면 적어도 50만 번 정도 손가락질을 했겠구나. 장하다, 내 손가락!

그러나 얼마나 부족한지 잘 알고 있다. 짧은 여정, 묵직한 메시지 같은 것은 포기하자면서 덤벼들었던 답사기인지라 더 부족하다는 것을 절감하고 있다. 모자라는 점은 다음 기회에….

답사 내내 김준엽 총장님의 자서전 〈장정〉과 장준하 선생의 자서전 〈돌베개〉를 부적처럼 안고 다녔다. 두 어른께서 남긴 기록이 이 책의 기본이 되었음은 물론이다.

수많은 이들이 먼저 다녀온 답사기와 기사들도 큰 도움이 되었다. 의외로 많은 사람들이 6천 리 대륙 길을 누비고 다녔다는 것을 알고는 깜짝 놀랐다. 특히 장준하선생기념사업회에서 남긴 기록과 자료들은 그야말로 이 답사기의 〈등불〉이었다.

이 답사기 중간중간에 〈장정〉을 직접 인용하여 총장님의 육성도 함께 담고 싶었으나 여의치 못하게 된 점은 짙은 아쉬움으로 남는다.

많은 젊은이들이 두 어른의 자서전과 이 책을 배낭에 넣고 그 길을 다니는 상상을 해본다.

그 상상만으로 약 50만 번의 타이핑이 보답을 받는 느낌이다.

2023년 8월 윤 영 수

김준엽의 길 3,200km

지음 | 윤영수

초판 1쇄 발행일 | 2023년 9월 4일

펴낸이 | 신난향
편집위원 | 박영배
펴낸곳 | (주)맥스교육(맥스미디어)
출판등록 | 2011년 8월 17일(제2022-000038호)
주소 | 경기도 성남시 분당구 정자일로156번길 12, 1503호(정자동, 타임브릿지)
대표전화 | 02-589-5133 팩스 | 02-589-5088
홈페이지 | www.maxedu.co.kr

기획·편집 | 김소연, 김진호
디자인 | 이지안
마케팅 | 이솔기
경영지원 | 장주열

ISBN 979-11-5571-942-8 (03910)